iEdutainments Limited
The Old Post House
Radford Road
Flyford Flavell
Worcestershire
WR7 4DL
England

Company Number: 7441490
First Edition: iEdutainments Ltd 2014
Copyright © Rory Ryder 2014
Copyright © Illustrations Rory Ryder 2014
Copyright © Coloured verb tables Rory Ryder 2014

English Version

Illustrated by Andy Garnica

LEARNBOTS®

LEARN 101 GREEK VERBS
IN 1 DAY
with the LearnBots

by Rory Ryder

Illustrations Andy Garnica

Published by:

iEdutainments Ltd.

Introduction

Memory

When learning a language, we often have problems remembering the (key) verbs; it does not mean we have totally forgotten them. It just means that we can't recall them at that particular moment. So this book has been carefully designed to help you recall the (key) verbs and their conjugations instantly.

The Research

Research has shown that one of the most effective ways to remember something is by association. Therefore we have hidden the verb (keyword) into each illustration to act as a retrieval cue that will then stimulate your long-term memory. This method has proved 7 times more effective than just passively reading and responding to a list of verbs.

Beautiful Illustrations

The LearnBot illustrations have their own mini story, an approach beyond conventional verb books. To make the most of this book, spend time with each picture and become familiar with everything that is happening. The Pictures involve the characters, Verbito, Verbita, Cyberdog and the BeeBots, with hidden clues that give more meaning to each picture. Some pictures are more challenging than others, adding to the fun but, more importantly, aiding the memory process.

Keywords

We have called the infinitive the (keyword) to refer to its central importance in remembering the 36 ways it can be used. Once you have located the appropriate keyword and made the connection with the illustration, you can then start to learn each colour-tense.

Colour-Coded Verb Tables

The verb tables are designed to save you further valuable time by focusing all your attention on one color tense allowing you to make immediate connections between the subject and verb. Making this association clear and simple from the beginning will give you more confidence to start speaking the language.

LearnBots Animations

Each picture in this book can also be viewed as an animation for FREE. Simply visit our animations link on www.LearnBots.com

Master the Verbs

Once your confident with each colour-tense, congratulate yourself because you will have learnt over 3600 verb forms, an achievement that takes some people years to master!

So is it really possible to "Learn 101 Verbs in 1 Day"?

Well, the answer to this is yes! If you carfully look at each picture and make the connection and see the (keyword) you should be able to remember the 101 verb infinitives in just one day. Of course remembering all the conjugations is going to take you longer but by at least knowing the most important verbs you can then start to learn each tense in your own time.

Reviews

Testimonials from Heads of M.F.L. & Teachers using the books with their classes around the U.K.

"This stimulating verb book, hitherto a contradiction in terms, goes a long way to dispelling the fear of putting essential grammar at the heart of language learning at the early and intermediate stages.

Particularly at the higher level of GCSE speaking and writing, where many students find themselves at a loss for a sufficient range of verbs to express what they were/ have been/ are and will be doing, these books enhances their conviction to express themselves richly, with subtlety and accuracy.

More exciting still is the rapid progress with which new (Year 8) learners both assimilate the core vocabulary and seek to speak and write about someone other than 'I'.

The website is outstanding in its accessibility and simplicity for students to listen to the recurrent patterns of all 101 verbs from someone else's voice other than mine is a significant advantage.

I anticipate a more confident, productive and ambitious generation of linguists will benefit from your highly effective product."

Yours sincerely

Andy Smith, Head of Spanish, Salesian College

After a number of years in which educational trends favoured oral fluency over grammatical accuracy, it is encouraging to see a book which goes back to the basics and makes learning verbs less daunting and even easy. At the end of the day, verb patterns are fundamental in order to gain linguistic precision and sophistication, and thus should not be regarded as a chore but as necessary elements to achieve competence in any given language.

The colour coding in this book makes for quick identification of tenses, and the running stories provided by the pictures are an ideal mnemonic device in that they help students visualize each word. I would heartily recommend this fun verb book for use with pupils in the early stages of language learning and for revision later on in their school careers.

It can be used for teaching but also, perhaps more importantly, as a tool for independent study. The website stresses this fact as students can comfortably check the pronunciation guide from their own homes. This is a praiseworthy attempt to make Spanish verbs more easily accessible to every schoolboy and girl in the country.

Dr Josep-Lluís González Medina Head of Spanish
Eton College

We received the book in January with a request to review it - well, a free book is always worth it. We had our apprehensions as to how glitzy can a grammar book be? I mean don't they all promise to improve pupils' results and engage their interest?

So, imagine my shock when after three lessons with a mixed ability year 10 group, the majority of pupils could write the verb 'tener' in three tenses- past, present and future. It is the way this book colour codes each tense which makes it easy for the pupils to learn. With this success, I transferred the information onto PowerPoint and presented it at the start of each class as the register was taken, after which pupils were asked for the English of each verb. This again showed the majority of pupils had taken in the information.

I sent a letter home to parents explaining what the book entailed and prepared a one-off sample lesson for parents to attend. I had a turnout of 20 parents who were amazed at how easy the book was to use. In March, the book was put to the test of the dreaded OFSTED inspector. Unexpectedly, she came into my year 10 class as they were studying the pictures during the roll call - she looked quite stunned as to how many of the verbs the pupils were able to remember. I proceeded with my lesson and during the feedback session she praised this method and thought it was the way forward in MFL teaching.

Initially we agreed to keep the book for year 10's but year 11 was introduced to the book at Easter as a revision tool. They were tested at the start of each lesson on a particular tense and if unsure were given 20 seconds to concentrate on the coloured verb table and then reciting it. There was a remarkable improvement in each pupils progress.- I only wish we had have had access to the book before Christmas in order to aid them with their coursework- But with this said the school achieved great results. In reviewing the book I would say "No more boring grammar lessons!!! This book is a great tool to learning verbs through excellent illustrations. A must-have for all language learners."

Footnote:

We have now received the new format French and the students are finding it even easier to learn the verbs and we now have more free time.

Lynda McTier, Head of Spanish Lipson Community College

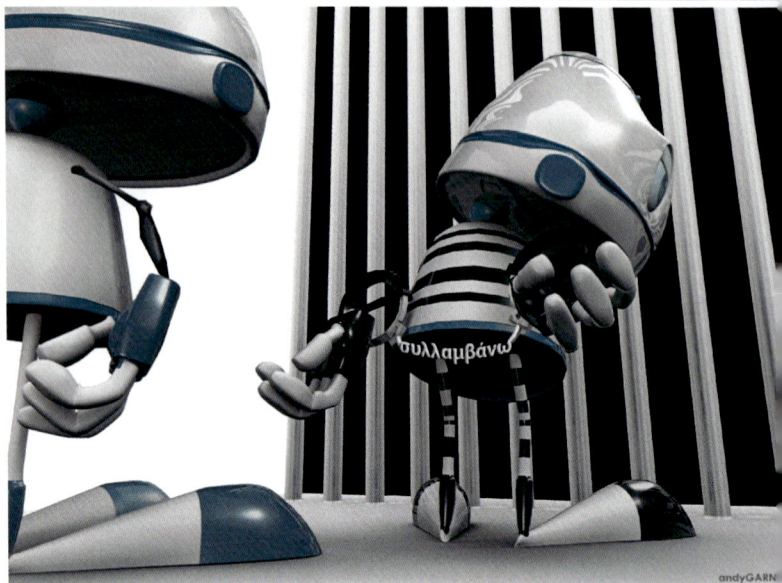

www.learnbots.com

	Ενεστώτας	Παρατατικός	Αόριστος	Στιγμιαίος Μέλλοντας	Υποθετικός Μέλλοντας	Παρακείμεν
Εγώ	συλλαμβάνω	συλλάμβανα	συνέλαβα	θα συλλάβω	θα συλλάμβανα	έχω συλλάβ
Εσύ	συλλαμβάνεις	συλλάμβανες	συνέλαβες	θα συλλάβεις	θα συλλάμβανες	έχεις συλλάβ
Αυτός/ Αυτή Αυτό	συλλαμβάνει	συλλάμβανε	συνέλαβε	θα συλλάβει	θα συλλάμβανε	έχει συλλάβ
Εμείς	συλλαμβάνουμε	συλλαμβάναμε	συλλάβαμε	θα συλλάβουμε	θα συλλαμβάναμε	έχουμ συλλάβ
Εσείς	συλλαμβάνετε	συλλαμβάνατε	συλλάβατε	θα συλλάβετε	θα συλλαμβάνατε	έχετε συλλάβ
Αυτοί/ Αυτές/ Αυτά	συλλαμβάνουν	συλλάμβαναν	συνέλαβαν	θα συλλάβουν	θα συλλάμβαναν	έχουν συλλάβ

www.learnbots.com

	Ενεστώτας	Παρατατικός	Αόριστος	Στιγμιαίος Μέλλοντας	Υποθετικός Μέλλοντας	Παρακείμενος
εγώ	φτάνω	έφτανα	έφτασα	θα φτάσω	θα έφτανα	έχω φτάσει
εσύ	φτάνεις	έφτανες	έφτασες	θα φτάσεις	θα έφτανες	έχεις φτάσει
αυτός/ αυτή/ αυτό	φτάνει	έφτανε	έφτασε	θα φτάσει	θα έφτανε	έχει φτάσει
εμείς	φτάνουμε	φτάναμε	φτάσαμε	θα φτάσουμε	θα φτάναμε	έχουμε φτάσει
εσείς	φτάνετε	φτάνατε	φτάσατε	θα φτάσετε	θα φτάνατε	έχετε φτάσει
αυτοί/ αυτές/ αυτά	φτάνουν	έφταναν	έφτασαν	θα φτάσουν	θα έφταναν	έχουν φτάσει

www.learnbots.com

	Ενεστώτας	Παρατατικός	Αόριστος	Στιγμιαίος Μέλλοντας	Υποθετικός Μέλλοντας	Παρακείμε
Εγώ	ρωτώ	ρωτούσα	ρώτησα	θα ρωτήσω	θα ρωτούσα	έχω ρωτήσ
Εσύ	ρωτάς	ρωτούσες	ρώτησες	θα ρωτήσεις	θα ρωτούσες	έχεις ρωτήσ
Αυτός/ Αυτή Αυτό	ρωτάει	ρωτούσε	ρώτησε	θα ρωτήσει	θα ρωτούσε	έχει ρωτήσ
Εμείς	ρωτάμε	ρωτούσαμε	ρωτήσαμε	θα ρωτήσουμε	θα ρωτούσαμε	έχουμ ρωτήσ
Εσείς	ρωτάτε	ρωτούσατε	ρωτήσατε	θα ρωτήσετε	θα ρωτούσατε	έχετε ρωτήσ
Αυτοί/ Αυτές/ Αυτά	ρωτούν	ρωτούσαν	ρώτησαν	θα ρωτήσουν	θα ρωτούσαν	έχου ρωτήσ

andyGARNICA

www.learnbots.com

	Ενεστώτας	Παρατατικός	Αόριστος	Στιγμιαίος Μέλλοντας	Υποθετικός Μέλλοντας	Παρακείμενος
γώ	είμαι	ήμουν		θα είμαι	θα ήμουν	
σύ	είσαι	ήσουν		θα είσαι	θα ήσουν	
τός/ υτή υτό	είναι	ήταν		θα είναι	θα ήταν	
ιείς	είμαστε	ήμασταν		θα είμαστε	θα ήμασταν	
τείς	είστε	ήσασταν		θα είστε	θα ήσασταν	
τοί/ τές/ ιτά	είναι	ήταν		θα είναι	θα ήταν	

www.learnbots.com

	Ενεστώτας	Παρατατικός	Αόριστος	Στιγμιαίος Μέλλοντας	Υποθετικός Μέλλοντας	Παρακείμεν
Εγώ	είμαι	ήμουν		θα είμαι	θα ήμουν	
Εσύ	είσαι	ήσουν		θα είσαι	θα ήσουν	
Αυτός/ Αυτή Αυτό	είναι	ήταν		θα είναι	θα ήταν	
Εμείς	είμαστε	ήμασταν		θα είμαστε	θα ήμασταν	
Εσείς	είστε	ήσασταν		θα είστε	θα ήσασταν	
Αυτοί/ Αυτές/ Αυτά	είναι	ήταν		θα είναι	θα ήταν	

w.learnbots.com

	Ενεστώτας	Παρατατικός	Αόριστος	Στιγμιαίος Μέλλοντας	Υποθετικός Μέλλοντας	Παρακείμενος
γώ	μπορώ	μπορούσα	μπόρεσα	θα μπορέσω	θα μπορούσα	έχω μπορέσει
σύ	μπορείς	μπορούσες	μπόρεσες	θα μπορέσεις	θα μπορούσες	έχεις μπορέσει
τός/ υτή υτό	μπορεί	μπορούσε	μπόρεσε	θα μπορέσει	θα μπορούσε	έχει μπορέσει
ιείς	μπορούμε	μπορούσαμε	μπορέσαμε	θα μπορέσουμε	θα μπορούσαμε	έχουμε μπορέσει
τείς	μπορείτε	μπορούσατε	μπορέσατε	θα μπορέσετε	θα μπορούσατε	έχετε μπορέσει
τοί/ τές/ ιτά	μπορούν	μπορούσαν	μπόρεσαν	θα μπορέσουν	θα μπορούσαν	έχουν μπορέσει

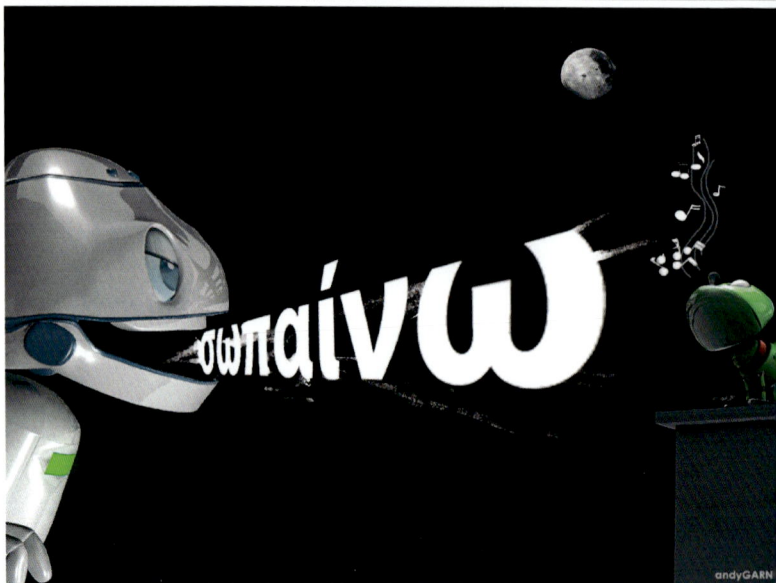

σωπαίνω

	Ενεστώτας	Παρατατικός	Αόριστος	Στιγμιαίος Μέλλοντας	Υποθετικός Μέλλοντας	Παρακείμεν
Εγώ	σωπαίνω	σώπαινα	σώπασα	θα σωπάσω	θα σώπαινα	έχω σωπάσ
Εσύ	σωπαίνεις	σώπαινες	σώπασες	θα σωπάσεις	θα σώπαινες	έχεις σωπάσ
Αυτός/ Αυτή Αυτό	σωπαίνει	σώπαινε	σώπασε	θα σωπάσει	θα σώπαινε	έχει σωπάσ
Εμείς	σωπαίνουμε	σωπαίναμε	σωπάσαμε	θα σωπάσουμε	θα σωπαίναμε	έχουμ σωπάσ
Εσείς	σωπαίνετε	σωπαίνατε	σωπάσατε	θα σωπάσετε	θα σωπαίνατε	έχετε σωπάσ
Αυτοί/ Αυτές/ Αυτά	σωπαίνουν	σώπαιναν	σώπασαν	θα σωπάσουν	θα σώπαιναν	έχουν σωπάσ

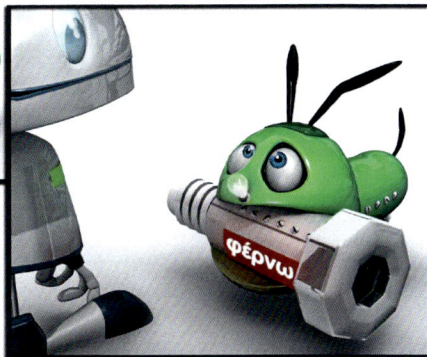

andyGARNICA

w.learnbots.com

	Ενεστώτας	Παρατατικός	Αόριστος	Στιγμιαίος Μέλλοντας	Υποθετικός Μέλλοντας	Παρακείμενος
γώ	φέρνω	έφερνα	έφερα	θα φέρω	θα έφερνα	έχω φέρει
σύ	φέρνεις	έφερνες	έφερες	θα φέρεις	θα έφερνες	έχεις φέρει
τός/ υτή ιτό	φέρνει	έφερνε	έφερε	θα φέρει	θα έφερνε	έχει φέρει
ιείς	φέρνουμε	φέρναμε	φέραμε	θα φέρουμε	θα φέρναμε	έχουμε φέρει
ιείς	φέρνετε	φέρνατε	φέρατε	θα φέρετε	θα φέρνατε	έχετε φέρει
ιτοί/ τές/ ιτά	φέρνουν	έφερναν	έφεραν	θα φέρουν	θα έφερναν	έχουν φέρει

andyGARNIC

www.learnbots.com

	Ενεστώτας	Παρατατικός	Αόριστος	Στιγμιαίος Μέλλοντας	Υποθετικός Μέλλοντας	Παρακείμεν
Εγώ	χτίζω	έχτιζα	έχτισα	θα χτίσω	θα έχτιζα	έχω χτί
Εσύ	χτίζεις	έχτιζες	έχτισες	θα χτίσεις	θα έχτιζες	έχεις χτίσει
Αυτός/ Αυτή Αυτό	χτίζει	έχτιζε	έχτισε	θα χτίσει	θα έχτιζε	έχει χτί
Εμείς	χτίζουμε	χτίζαμε	χτίσαμε	θα χτίσουμε	θα χτίζαμε	έχουμ χτίσει
Εσείς	χτίζετε	χτίζατε	χτίσατε	θα χτίσετε	θα χτίζατε	έχετε χτίσει
Αυτοί/ Αυτές/ Αυτά	χτίζουν	έχτιζαν	έχτισαν	θα χτίσουν	θα έχτιζαν	έχουν χτίσει

andyGARNICA

w.learnbots.com

	Ενεστώτας	Παρατατικός	Αόριστος	Στιγμιαίος Μέλλοντας	Υποθετικός Μέλλοντας	Παρακείμενος
γώ	αγοράζω	αγόραζα	αγόρασα	θα αγοράσω	θα αγοράζα	έχω αγοράσει
σύ	αγοράζεις	αγόραζες	αγόρασες	θα αγοράσεις	θα αγόραζες	έχεις αγοράσει
τός/ τή/ τό	αγοράζει	αγόραζε	αγόρασε	θα αγοράσει	θα αγόραζε	έχει αγοράσει
εείς	αγοράζουμε	αγοράζαμε	αγοράσαμε	θα αγοράσουμε	θα αγοράζαμε	έχουμε αγοράσει
σείς	αγοράζετε	αγοράζατε	αγοράσατε	θα αγοράσετε	θα αγοράζατε	έχετε αγοράσει
τοί/ τές/ ετά	αγοράζουν	αγόραζαν	αγόρασαν	θα αγοράσουν	θα αγόραζαν	έχουν αγοράσει

andyGARNICA

www.learnbots.com

	Ενεστώτας	Παρατατικός	Αόριστος	Στιγμιαίος Μέλλοντας	Υποθετικός Μέλλοντας	Παρακείμεν
Εγώ	καλώ	καλούσα	κάλεσα	θα καλέσω	θα καλούσα	έχω καλέσ
Εσύ	καλείς	καλούσες	κάλεσες	θα καλέσεις	θα καλούσες	έχεις καλέσ
Αυτός/ Αυτή Αυτό	καλεί	καλούσε	κάλεσε	θα καλέσει	θα καλούσε	έχει καλέσ
Εμείς	καλούμε	καλούσαμε	καλέσαμε	θα καλέσουμε	θα καλούσαμε	έχουμ καλέσ
Εσείς	καλείτε	καλούσατε	καλέσατε	θα καλέσετε	θα καλούσατε	έχετε καλέσ
Αυτοί/ Αυτές/ Αυτά	καλούν	καλούσαν	κάλεσαν	θα καλέσουν	θα καλούσαν	έχουν καλέσ

w.learnbots.com

	Ενεστώτας	Παρατατικός	Αόριστος	Στιγμιαίος Μέλλοντας	Υποθετικός Μέλλοντας	Παρακείμενος
γώ	κουβαλάω	κουβαλούσα	κουβάλησα	θα κουβαλήσω	θα κουβαλούσα	έχω κουβαλήσει
σύ	κουβαλάς	κουβαλούσες	κουβάλησες	θα κουβαλήσεις	θα κουβαλούσες	έχεις κουβαλήσει
τός/ υτή υτό	κουβαλά	κουβαλούσε	κουβάλησε	θα κουβαλήσει	θα κουβαλούσε	έχει κουβαλήσει
ιείς	κουβαλάμε	κουβαλούσαμε	κουβαλήσαμε	θα κουβαλήσουμε	θα κουβαλούσαμε	έχουμε κουβαλήσει
σείς	κουβαλάτε	κουβαλούσατε	κουβαλήσατε	θα κουβαλήσετε	θα κουβαλούσατε	έχετε κουβαλήσει
τοί/ τές/ τά	κουβαλούν	κουβαλούσαν	κουβάλησαν	θα κουβαλήσουν	θα κουβαλούσαν	έχουν κουβαλήσει

www.learnbots.com

	Ενεστώτας	Παρατατικός	Αόριστος	Στιγμιαίος Μέλλοντας	Υποθετικός Μέλλοντας	Παρακείμεν
Εγώ	αλλάζω	άλλαζα	άλλαξα	θα αλλάξω	θα άλλαζα	έχω αλλάξε
Εσύ	αλλάζεις	άλλαζες	άλλαξες	θα αλλάξεις	θα άλλαζες	έχεις αλλάξε
Αυτός/ Αυτή Αυτό	αλλάζει	άλλαζε	άλλαξε	θα αλλάξει	θα άλλαζε	έχει αλλάξε
Εμείς	αλλάζουμε	αλλάζαμε	αλλάξαμε	θα αλλάξουμε	θα αλλάζαμε	έχουμ αλλάξ
Εσείς	αλλάζετε	αλλάζατε	αλλάξατε	θα αλλάξετε	θα αλλάζατε	έχετε αλλάξ
Αυτοί/ Αυτές/ Αυτά	αλλάζουν	άλλαζαν	άλλαξαν	θα αλλάξουν	θα άλλαζαν	έχουν αλλάξ

www.learnbots.com

	Ενεστώτας	Παρατατικός	Αόριστος	Στιγμιαίος Μέλλοντας	Υποθετικός Μέλλοντας	Παρακείμενος
γώ	καθαρίζω	καθάριζα	καθάρισα	θα καθαρίσω	θα καθάριζα	έχω καθαρίσει
σύ	καθαρίζεις	καθάριζες	καθάρισες	θα καθαρίσεις	θα καθάριζες	έχεις καθαρίσει
τός/ ιτή/ ιτό	καθαρίζει	καθάριζε	καθάρισε	θα καθαρίσει	θα καθάριζε	έχει καθαρίσει
ιείς	καθαρίζουμε	καθαρίζαμε	καθαρίσαμε	θα καθαρίσουμε	θα καθαρίζαμε	έχουμε καθαρίσει
ιείς	καθαρίζετε	καθαρίζατε	καθαρίσατε	θα καθαρίσετε	θα καθαρίζατε	έχετε καθαρίσει
τοί/ τές/ ιτά	καθαρίζουν	καθάριζαν	καθάρισαν	θα καθαρίσουν	θα καθάριζαν	έχουν καθαρίσει

www.learnbots.com

	Ενεστώτας	Παρατατικός	Αόριστος	Στιγμιαίος Μέλλοντας	Υποθετικός Μέλλοντας	Παρακείμεν
Εγώ	κλείνω	έκλεινα	έκλεισα	θα κλείσω	θα έκλεινα	έχω κλείσε
Εσύ	κλείνεις	έκλεινες	έκλεισες	θα κλείσεις	θα έκλεινες	έχεις κλείσε
Αυτός/ Αυτή Αυτό	κλείνει	έκλεινε	έκλεισε	θα κλείσει	θα έκλεινε	έχει κλείσε
Εμείς	κλείνουμε	κλείναμε	κλείσαμε	θα κλείσουμε	θα κλείναμε	έχουμ κλείσε
Εσείς	κλείνετε	κλείνατε	κλείσατε	θα κλείσετε	θα κλείνατε	έχετε κλείσε
Αυτοί/ Αυτές/ Αυτά	κλείνουν	έκλειναν	έκλεισαν	θα κλείσουν	θα έκλειναν	έχουν κλείσε

	Ενεστώτας	Παρατατικός	Αόριστος	Στιγμιαίος Μέλλοντας	Υποθετικός Μέλλοντας	Παρακείμενος
γώ	χτενίζομαι	χτενιζόμουνα	χτενίστηκα	θα χτενιστώ	θα χτενιζόμουν	έχω χτενιστεί
σύ	χτενίζεσαι	χτενιζόσουνα	χτενίστηκες	θα χτενιστείς	θα χτενιζόσουν	έχεις χτενιστεί
τός/ πή πό	χτενίζεται	χτενιζόταν	χτενίστηκε	θα χτενιστεί	θα χτενιζόταν	έχει χτενιστεί
1είς	χτενιζόμαστε	χτενιζόμασταν	χτενιστήκαμε	θα χτενιστούμε	θα χτενιζόμασταν	έχουμε χτενιστεί
1είς	χτενίζεστε	χτενιζόσασταν	χτενιστήκατε	θα χτενιστείτε	θα χτενιζόσασταν	έχετε χτενιστεί
τοί/ τές/ τά	χτενίζονται	χτενίζονταν	χτενίστηκαν	θα χτενιστούν	θα χτενίζονταν	έχουν χτενιστεί

www.learnbots.com

	Ενεστώτας	Παρατατικός	Αόριστος	Στιγμιαίος Μέλλοντας	Υποθετικός Μέλλοντας	Παρακείμεν
Εγώ	έρχομαι	ερχόμουν	ήρθα	θα έρθω	θα ερχόμουν	έχω έρθ
Εσύ	έρχεσαι	ερχόσουν	ήρθες	θα έρθεις	θα ερχόσουν	έχεις έρθει
Αυτός/ Αυτή Αυτό	έρχεται	ερχόταν	ήρθε	θα έρθει	θα ερχόταν	έχει έρθ
Εμείς	ερχόμαστε	ερχόμασταν	ήρθαμε	θα έρθουμε	θα ερχόμασταν	έχουμ έρθει
Εσείς	έρχεστε	ερχόσασταν	ήρθατε	θα έρθετε	θα ερχόσασταν	έχετε έρθει
Αυτοί/ Αυτές/ Αυτά	έρχονται	έρχονταν	ήρθαν	θα έρθουν	θα έρχονταν	έχουν έρθε

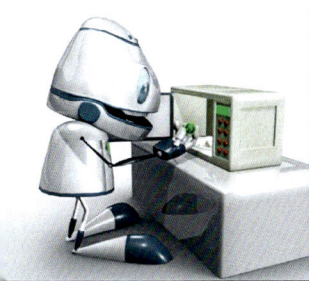

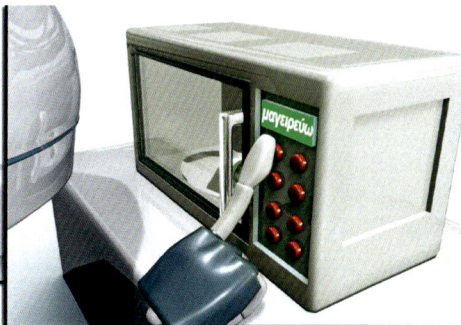

andyGARNICA

www.learnbots.com

	Ενεστώτας	Παρατατικός	Αόριστος	Στιγμιαίος Μέλλοντας	Υποθετικός Μέλλοντας	Παρακείμενος
εγώ	μαγειρεύω	μαγείρευα	μαγείρεψα	θα μαγειρέψω	θα μαγείρευα	έχω μαγειρέψει
εσύ	μαγειρεύεις	μαγείρευες	μαγείρεψες	θα μαγειρέψεις	θα μαγείρευες	έχεις μαγειρέψει
αυτός/ αυτή αυτό	μαγειρεύει	μαγείρευε	μαγείρεψε	θα μαγειρέψει	θα μαγείρευε	έχει μαγειρέψει
εμείς	μαγειρεύουμε	μαγειρεύαμε	μαγειρέψαμε	θα μαγειρέψουμε	θα μαγειρεύαμε	έχουμε μαγειρέψει
εσείς	μαγειρεύετε	μαγειρεύατε	μαγειρέψατε	θα μαγειρέψετε	θα μαγειρεύατε	έχετε μαγειρέψει
αυτοί/ αυτές αυτά	μαγειρεύουν	μαγείρευαν	μαγείρεψαν	θα μαγειρέψουν	θα μαγείρευαν	έχουν μαγειρέψει

1,2,3,4,5...

μετρώ

www.learnbots.com

	Ενεστώτας	Παρατατικός	Αόριστος	Στιγμιαίος Μέλλοντας	Υποθετικός Μέλλοντας	Παρακείμεν
Εγώ	μετρώ	μετρούσα	μέτρησα	θα μετρήσω	θα μετρούσα	έχω μετρήσ
Εσύ	μετράς	μετρούσες	μέτρησες	θα μετρήσεις	θα μετρούσες	έχεις μετρήσ
Αυτός/ Αυτή Αυτό	μετρά	μετρούσε	μέτρησε	θα μετρήσει	θα μετρούσε	έχει μετρήσ
Εμείς	μετράμε	μετρούσαμε	μετρήσαμε	θα μετρήσουμε	θα μετρούσαμε	έχουμ μετρήσ
Εσείς	μετράτε	μετρούσατε	μετρήσατε	θα μετρήσετε	θα μετρούσατε	έχετε μετρήσ
Αυτοί/ Αυτές/ Αυτά	μετρούν	μετρούσαν	μέτρησαν	θα μετρήσουν	θα μετρούσαν	έχουν μετρήσ

w.learnbots.com

	Ενεστώτας	Παρατατικός	Αόριστος	Στιγμιαίος Μέλλοντας	Υποθετικός Μέλλοντας	Παρακείμενος
γώ	τρακάρω	τρακάριζα	τρακάρισα	θα τρακάρω	θα τρακάριζα	έχω τρακάρει
σύ	τρακάρεις	τρακάριζες	τρακάρισες	θα τρακάρεις	θα τρακάριζες	έχεις τρακάρει
τός/ ητή ητό	τρακάρει	τρακάριζε	τρακάρισε	θα τρακάρει	θα τρακάριζες	έχει τρακάρει
ιείς	τρακάρουμε	τρακέρναμε	τρακάραμε	θα τρακάρουμε	θα τρακέρναμε	έχουμε τρακάρει
σείς	τρακάρετε	τρακέρνατε	τρακάρατε	θα τρακάρετε	θα τρακέρνατε	έχετε τρακάρει
τοί/ τές/ ιτά	τρακέρνουν	τρακάριζαν	τράκαραν	θα τρακάρουν	θα τρακάριζαν	έχουν τρακάρει

www.learnbots.com

	Ενεστώτας	Παρατατικός	Αόριστος	Στιγμιαίος Μέλλοντας	Υποθετικός Μέλλοντας	Παρακείμεν
Εγώ	δημιουργώ	δημιουργούσα	δημιούργησα	θα δημιουργήσω	θα δημιουργούσα	έχω δημιουργή
Εσύ	δημιουργείς	δημιουργούσες	δημιούργησες	θα δημιουργήσεις	θα δημιουργούσες	έχεις δημιουργή
Αυτός/ Αυτή Αυτό	δημιουργεί	δημιουργούσε	δημιούργησε	θα δημιουργήσει	θα δημιουργούσε	έχει δημιουργή
Εμείς	δημιουργούμε	δημιουργούσαμε	δημιουργήσαμε	θα δημιουργήσουμε	θα δημιουργούσαμε	έχουμε δημιουργή
Εσείς	δημιουργείτε	δημιουργούσατε	δημιουργήσατε	θα δημιουργήσετε	θα δημιουργούσατε	έχετε δημιουργή
Αυτοί/ Αυτές/ Αυτά	δημιουργούν	δημιουργούσαν	δημιούργησαν	θα δημιουργήσουν	θα δημιουργούσαν	έχουν δημιουργή

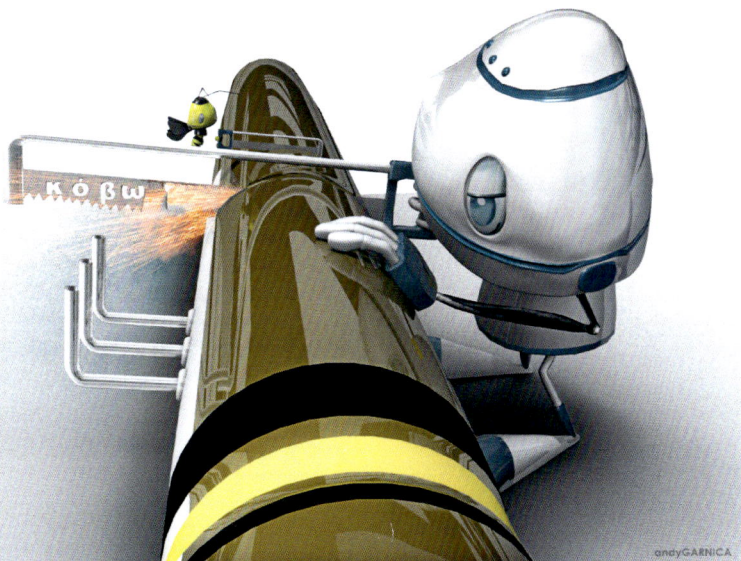

v.learnbots.com

	Ενεστώτας	Παρατατικός	Αόριστος	Στιγμιαίος Μέλλοντας	Υποθετικός Μέλλοντας	Παρακείμενος
εγώ	κόβω	έκοβα	έκοψα	θα κόψω	θα έκοβα	έχω κόψει
εσύ	κόβεις	έκοβες	έκοψες	θα κόψεις	θα έκοβες	έχεις κόψεις
αυτός/ αυτή/ αυτό	κόβει	έκοβε	έκοψε	θα κόψει	θα έκοβε	έχει κόψει
εμείς	κόβουμε	κόβαμε	κόψαμε	θα κόψουμε	θα κόβαμε	έχουμε κόψει
εσείς	κόβετε	κόβατε	κόψατε	θα κόψετε	θα κόβατε	έχετε κόψει
αυτοί/ αυτές/ αυτά	κόβουν	έκοβαν	έκοψαν	θα κόψουν	θα έκοβαν	έχουν κόψει

www.learnbots.com

	Ενεστώτας	Παρατατικός	Αόριστος	Στιγμιαίος Μέλλοντας	Υποθετικός Μέλλοντας	Παρακείμε
Εγώ	χορεύω	χόρευα	χόρεψα	θα χορέψω	θα χόρευα	έχω χορέψ
Εσύ	χορεύεις	χόρευες	χόρεψες	θα χορέψεις	θα χόρευες	έχεις χορέψ
Αυτός/ Αυτή Αυτό	χορεύει	χόρευε	χόρεψε	θα χορέψει	θα χόρευε	έχει χορέ
Εμείς	χορεύουμε	χορεύαμε	χορέψαμε	θα χορέψουμε	θα χορεύαμε	έχουμ χορέ
Εσείς	χορεύετε	χορεύατε	χορέψατε	θα χορέψετε	θα χορεύατε	έχετε χορέ
Αυτοί/ Αυτές/ Αυτά	χορεύουν	χόρευαν	χόρεψαν	θα χορέψουν	θα χόρευαν	έχου χορέ

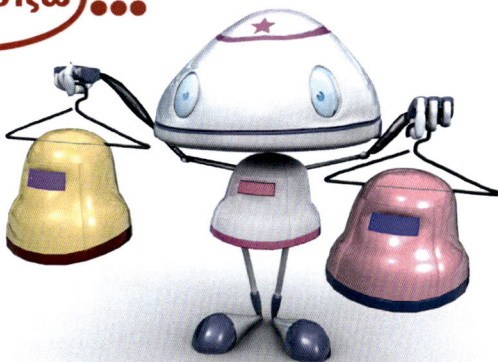

	Ενεστώτας	Παρατατικός	Αόριστος	Στιγμιαίος Μέλλοντας	Υποθετικός Μέλλοντας	Παρακείμενος
γώ	αποφασίζω	αποφάσιζα	αποφάσισα	θα αποφασίσω	θα αποφάσιζα	έχω αποφασίσει
σύ	αποφασίζεις	αποφάσιζες	αποφάσισες	θα αποφασίσεις	θα αποφάσιζες	έχεις αποφασίσει
τός/ τή/ τό	αποφασίζει	αποφάσιζε	αποφάσισε	θα αποφασίσει	θα αποφάσιζε	έχει αποφασίσει
ιείς	αποφασίζουμε	αποφασίζαμε	αποφασίσαμε	θα αποφασίσουμε	θα αποφασίζαμε	έχουμε αποφασίσει
σείς	αποφασίζετε	αποφασίζατε	αποφασίσατε	θα αποφασίσετε	θα αποφασίζατε	έχετε αποφασίσει
τοί/ τές/ τά	αποφασίζουν	αποφάσιζαν	αποφάσισαν	θα αποφασίσουν	θα αποφάσιζαν	έχουν αποφασίσει

καθοδηγώ

www.learnbots.com

	Ενεστώτας	Παρατατικός	Αόριστος	Στιγμιαίος Μέλλοντας	Υποθετικός Μέλλοντας	Παρακείμεν
Εγώ	καθοδηγώ	καθοδηγούσα	καθοδήγησα	θα καθοδηγήσω	θα καθοδηγούσα	έχω καθοδηγή
Εσύ	καθοδηγείς	καθοδηγούσες	καθοδήγησες	θα καθοδηγήσεις	θα καθοδηγούσες	έχεις καθοδηγ
Αυτός/ Αυτή Αυτό	καθοδηγεί	καθοδηγούσε	καθοδήγησε	θα καθοδηγήσει	θα καθοδηγούσε	έχει καθοδηγ
Εμείς	καθοδηγούμε	καθοδηγούσαμε	καθοδηγήσαμε	θα καθοδηγήσουμε	θα καθοδηγούσαμε	έχουμε καθοδηγή
Εσείς	καθοδηγείτε	καθοδηγούσατε	καθοδηγήσατε	θα καθοδηγήσετε	θα καθοδηγούσατε	έχετε καθοδηγ
Αυτοί/ Αυτές/ Αυτά	καθοδηγούν	καθοδηγούσαν	καθοδήγησαν	θα καθοδηγήσουν	θα καθοδηγούσαν	έχουν καθοδηγ

	Ενεστώτας	Παρατατικός	Αόριστος	Στιγμιαίος Μέλλοντας	Υποθετικός Μέλλοντας	Παρακείμενος
γώ	ονειρεύομαι	ονειρευόμουν	ονειρεύτηκα	θα ονειρευτώ	θα ονειρευόμουν	έχω ονειρευτεί
σύ	ονειρεύεσαι	ονειρευόσουν	ονειρεύτηκες	θα ονειρευτείς	θα ονειρευόσουν	έχεις ονειρευτεί
τός/ πή/ πό	ονειρεύεται	ονειρευόταν	ονειρεύτηκε	θα ονειρευτεί	θα ονειρευόταν	έχει ονειρευτεί
ιείς	ονειρευόμαστε	ονειρευόμασταν	ονειρευτήκαμε	θα ονειρευτούμε	θα ονειρευόμασταν	έχουμε ονειρευτεί
τείς	ονειρεύεστε	ονειρευόσασταν	ονειρευτήκατε	θα ονειρευτείτε	θα ονειρευόσασταν	έχετε ονειρευτεί
τοί/ τές/ τά	ονειρεύονται	ονειρεύονταν	ονειρεύτηκαν	θα ονειρευτούν	θα ονειρεύονταν	έχουν ονειρευτεί

	Ενεστώτας	Παρατατικός	Αόριστος	Στιγμιαίος Μέλλοντας	Υποθετικός Μέλλοντας	Παρακείμε
Εγώ	πίνω	έπινα	ήπια	θα πιω	θα έπινα	έχω πι
Εσύ	πίνεις	έπινες	ήπιες	θα πιεις	θα έπινες	έχεις π
Αυτός/ Αυτή Αυτό	πίνει	έπινε	ήπιε	θα πιει	θα έπινε	έχει πι
Εμείς	πίνουμε	πίναμε	ήπιαμε	θα πιούμε	θα πίναμε	έχουμ τπιει
Εσείς	πίνετε	πίνατε	ήπιατε	θα πιείτε	θα πίνατε	έχετε π
Αυτοί/ Αυτές/ Αυτά	πίνουν	έπιναν	ήπιαν	θα πιουν	θα έπιναν	έχουμ τπιει

	Ενεστώτας	Παρατατικός	Αόριστος	Στιγμιαίος Μέλλοντας	Υποθετικός Μέλλοντας	Παρακείμενος
ώ	οδηγώ	οδηγούσα	οδήγησα	θα οδηγήσω	θα οδηγούσα	έχω οδηγήσει
ύ	οδηγείς	οδηγούσες	οδήγησες	θα οδηγήσεις	θα οδηγούσες	έχεις οδηγήσει
ός/ ητή ιτό	οδηγεί	οδηγούσε	οδήγησε	θα οδηγήσει	θα οδηγούσε	έχει οδηγήσει
είς	οδηγούμε	οδηγούσαμε	οδηγήσαμε	θα οδηγήσουμε	θα οδηγούσαμε	έχουμε οδηγήσει
είς	οδηγείτε	οδηγούσατε	οδηγήσατε	θα οδηγήσετε	θα οδηγούσατε	έχετε οδηγήσει
τοί/ τές/ τά	οδηγούν	οδηγούσαν	οδήγησαν	θα οδηγήσουν	θα οδηγούσαν	έχουν οδηγήσει

www.learnbots.com

	Ενεστώτας	Παρατατικός	Αόριστος	Στιγμιαίος Μέλλοντας	Υποθετικός Μέλλοντας	Παρακείμε
Εγώ	τρώω	έτρωγα	έφαγα	θα φάω	θα έτρωγα	έχω φά
Εσύ	τρως	έτρωγες	έφαγες	θα φας	θα έτρωγες	έχεις φα
Αυτός/ Αυτή Αυτό	τρώει	έτρωγε	έφαγε	θα φάει	θα έτρωγε	έχει φά
Εμείς	τρώμε	τρώγαμε	φάγαμε	θα φάμε	θα τρώγαμε	έχουμ φάει
Εσείς	τρώτε	τρώγατε	φάγατε	θα φάτε	θα τρώγατε	έχετε φ
Αυτοί/ Αυτές/ Αυτά	τρώνε	έτρωγαν	έφαγαν	θα φάνε	θα έτρωγαν	έχουν φάει

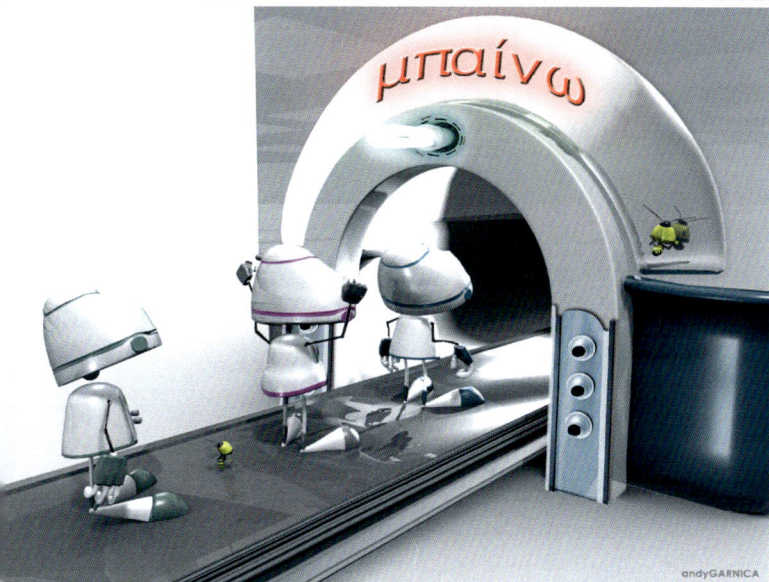

www.learnbots.com

	Ενεστώτας	Παρατατικός	Αόριστος	Στιγμιαίος Μέλλοντας	Υποθετικός Μέλλοντας	Παρακείμενος
εγώ	μπαίνω	έμπαινα	μπήκα	θα μπω	θα έμπαινα	έχω μπει
εσύ	μπαίνεις	έμπαινες	μπήκες	θα μπεις	θα έμπαινες	έχεις μπει
αυτός/ αυτή/ αυτό	μπαίνει	έμπαινε	μπήκε	θα μπει	θα έμπαινε	έχει μπει
εμείς	μπαίνουμε	μπαίναμε	μπήκαμε	θα μπούμε	θα μπαίναμε	έχουμε μπει
εσείς	μπαίνετε	μπαίνατε	μπήκατε	θα μπείτε	θα μπαίνατε	έχετε μπει
αυτοί/ αυτές/ αυτά	μπαίνουν	έμπαιναν	μπήκαν	θα μπούνε	θα έμπαιναν	έχουν μπει

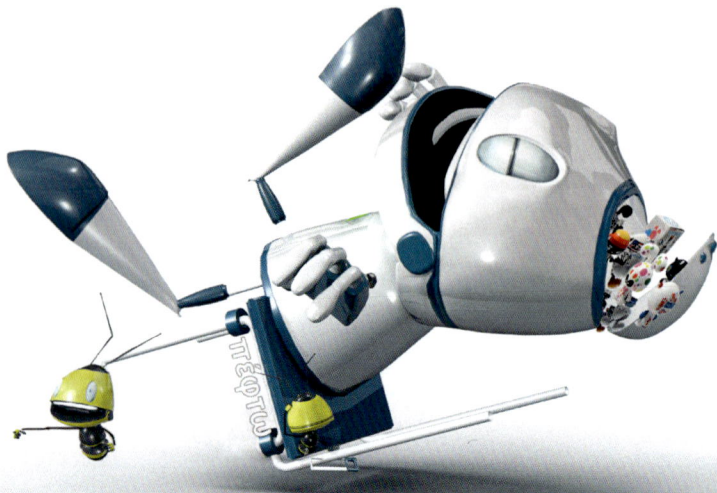

www.learnbots.com

	Ενεστώτας	Παρατατικός	Αόριστος	Στιγμιαίος Μέλλοντας	Υποθετικός Μέλλοντας	Παρακείμ
Εγώ	πέφτω	έπεφτα	έπεσα	θα πέσω	θα έπεφτα	έχω πέ
Εσύ	πέφτεις	έπεφτες	έπεσες	θα πέσεις	θα έπεφτες	έχεις πέσε
Αυτός/ Αυτή Αυτό	πέφτει	έπεφτε	έπεσε	θα πέσει	θα έπεφτε	έχει πέ
Εμείς	πέφτουμε	πέφταμε	πέσαμε	θα πέσουμε	θα πέφταμε	έχουμ πέσε
Εσείς	πέφτετε	πέφτατε	πέσατε	θα πέσετε	θα πέφτατε	έχετε πέσε
Αυτοί/ Αυτές/ Αυτά	πέφτουν	έπεφταν	έπεσαν	θα πέσουν	θα έπεφταν	έχουν πέσε

μαλώνω

andyGARNICA

v.learnbots.com

	Ενεστώτας	Παρατατικός	Αόριστος	Στιγμιαίος Μέλλοντας	Υποθετικός Μέλλοντας	Παρακείμενος
γώ	μαλώνω	μάλωνα	μάλωσα	θα μαλώσω	θα μάλωνα	έχω μαλώσει
σύ	μαλώνεις	μάλωνες	μάλωσες	θα μαλώσεις	θα μάλωνες	έχεις μαλώσει
τός/ υτή/ ιτό	μαλώνει	μάλωνε	μάλωσε	θα μαλώσει	θα μάλωνε	έχει μαλώσει
ιείς	μαλώνουμε	μαλώναμε	μαλώσαμε	θα μαλώσουμε	θα μαλώναμε	έχουμε μαλώσει
σείς	μαλώνετε	μαλώνατε	μαλώσατε	θα μαλώσετε	θα μαλώνατε	έχετε μαλώσει
τοί/ τές/ ιτά	μαλώνουν	μάλωναν	μάλωσαν	θα μαλώσουν	θα μάλωναν	έχουν μαλώσει

www.learnbots.com

	Ενεστώτας	Παρατατικός	Αόριστος	Στιγμιαίος Μέλλοντας	Υποθετικός Μέλλοντας	Παρακείμε
Εγώ	βρίσκω	έβρισκα	βρήκα	θα βρω	θα έβρισκα	έχω βρ
Εσύ	βρίσκεις	έβρισκες	βρήκες	θα βρεις	θα έβρισκες	έχεις βρ
Αυτός/ Αυτή Αυτό	βρίσκει	έβρισκε	βρήκε	θα βρει	θα έβρισκε	έχει βρ
Εμείς	βρίσκουμε	βρίσκαμε	βρήκαμε	θα βρούμε	θα βρίσκαμε	έχουμ βρει
Εσείς	βρίσκετε	βρίσκατε	βρήκατε	θα βρείτε	θα βρίσκατε	έχετε β
Αυτοί/ Αυτές/ Αυτά	βρίσκουν	έβρισκαν	βρήκαν	θα βρούνε	θα έβρισκαν	έχουν βρει

w.learnbots.com

andyGARNICA

	Ενεστώτας	Παρατατικός	Αόριστος	Στιγμιαίος Μέλλοντας	Υποθετικός Μέλλοντας	Παρακείμενος
γώ	τελειώνω	τελείωνα	τελείωσα	θα τελειώσω	θα τελείωνα	έχω τελειώσει
σύ	τελειώνεις	τελείωνες	τελείωσες	θα τελειώσεις	θα τελείωνες	έχεις τελειώσει
τός/ ιτή/ ιτό	τελειώνει	τελείωνε	τελείωσε	θα τελειώσει	θα τελείωνε	έχει τελειώσει
ιείς	τελειώνουμε	τελειώναμε	τελειώσαμε	θα τελειώσουμε	θα τελειώναμε	έχουμε τελειώσει
ιείς	τελειώνετε	τελειώνατε	τελειώσατε	θα τελειώσετε	θα τελειώνατε	έχετε τελειώσει
τοί/ τές/ ιτά	τελειώνουν	τελείωναν	τελείωσαν	θα τελειώσουν	θα τελείωναν	έχουν τελειώσει

andyGARNI

www.learnbots.com

	Ενεστώτας	Παρατατικός	Αόριστος	Στιγμιαίος Μέλλοντας	Υποθετικός Μέλλοντας	Παρακείμεν
Εγώ	ακολουθώ	ακολουθούσα	ακολούθησα	θα ακολουθήσω	θα ακολουθούσα	έχω ακολουθή
Εσύ	ακολουθείς	ακολουθούσες	ακολούθησες	θα ακολουθήσεις	θα ακολουθούσες	έχεις ακολουθή
Αυτός/ Αυτή Αυτό	ακολουθεί	ακολουθούσε	ακολούθησε	θα ακολουθήσει	θα ακολουθούσε	έχει ακολουθή
Εμείς	ακολουθούμε	ακολουθούσαμε	ακολουθήσαμε	θα ακολουθήσουμε	θα ακολουθούσαμε	έχουμε ακολουθή
Εσείς	ακολουθείτε	ακολουθούσατε	ακολουθήσατε	θα ακολουθήσετε	θα ακολουθούσατε	έχετε ακολουθή
Αυτοί/ Αυτές/ Αυτά	ακολουθούν	ακολουθούσαν	ακολούθησαν	θα ακολουθήσουν	θα ακολουθούσαν	έχουν ακολουθή

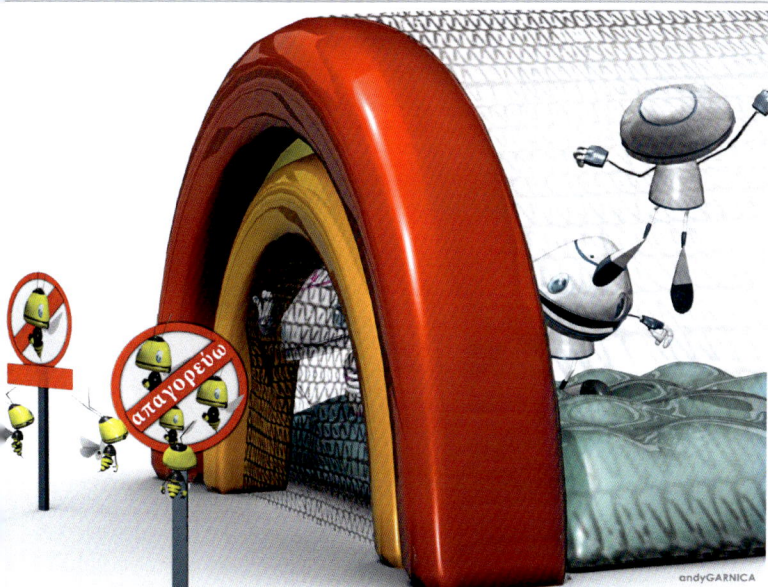

www.learnbots.com

	Ενεστώτας	Παρατατικός	Αόριστος	Στιγμιαίος Μέλλοντας	Υποθετικός Μέλλοντας	Παρακείμενος
γώ	απαγορεύω	απαγόρευα	απαγόρευσα	θα απαγορεύσω	θα απαγόρευα	έχω απαγορεύσει
σύ	απαγορεύεις	απαγόρευες	απαγόρευσες	θα απαγορεύσεις	θα απαγόρευες	έχεις απαγορεύσει
τός/ ητή ητό	απαγορεύει	απαγόρευε	απαγόρευσε	θα απαγορεύσει	θα απαγόρευε	έχει απαγορεύσει
ιείς	απαγορεύουμε	απαγορεύαμε	απαγορεύσαμε	θα απαγορεύσουμε	θα απαγορεύαμε	έχουμε απαγορεύσει
ιείς	απαγορεύετε	απαγορεύατε	απαγορεύσατε	θα απαγορεύσετε	θα απαγορεύατε	έχετε απαγορεύσει
τοί/ τές/ τά	απαγορεύουν	απαγόρευαν	απαγόρευσαν	θα απαγορεύσουν	θα απαγόρευαν	έχουν απαγορεύσει

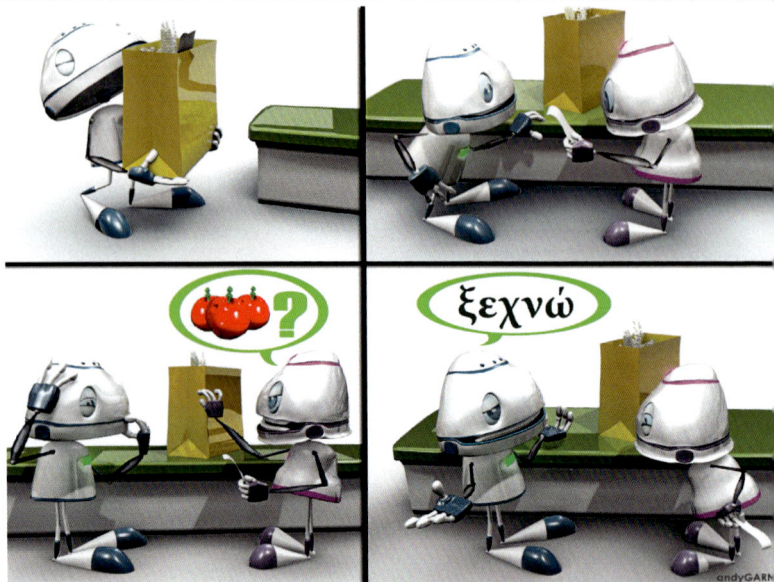

www.learnbots.com

	Ενεστώτας	Παρατατικός	Αόριστος	Στιγμιαίος Μέλλοντας	Υποθετικός Μέλλοντας	Παρακείμε
Εγώ	ξεχνώ	ξεχνούσα	ξέχασα	θα ξεχάσω	θα ξεχνούσα	έχω ξεχάσ
Εσύ	ξεχνάς	ξεχνούσες	ξέχασες	θα ξεχάσεις	θα ξεχνούσες	έχεις ξεχάσ
Αυτός/ Αυτή Αυτό	ξεχνά	ξεχνούσε	ξέχασε	θα ξεχάσει	θα ξεχνούσε	έχει ξεχάσ
Εμείς	ξεχνάμε	ξεχνούσαμε	ξεχάσαμε	θα ξεχάσουμε	θα ξεχνούσαμε	έχουμ ξεχάσ
Εσείς	ξεχνάτε	ξεχνούσατε	ξεχάσατε	θα ξεχάσετε	θα ξεχνούσατε	έχετε ξεχάσ
Αυτοί/ Αυτές/ Αυτά	ξεχνούν	ξεχνούσαν	ξέχασαν	θα ξεχάσουν	θα ξεχνούσαν	έχου ξεχάσ

yGARNICA

w.learnbots.com

	Ενεστώτας	Παρατατικός	Αόριστος	Στιγμιαίος Μέλλοντας	Υποθετικός Μέλλοντας	Παρακείμενος
γώ	ντύνομαι	ντυνόμουν	ντύθηκα	θα ντυθώ	θα ντυνόμουν	έχω ντυθεί
σύ	ντύνεσαι	ντυνόσουνα	ντύθηκες	θα ντυθείς	θα ντυνόσουν	έχεις ντυθεί
τός/ ιτή ιτό	ντύνεται	ντυνόταν	ντύθηκε	θα ντυθεί	θα ντυνόταν	έχει ντυθεί
ιείς	ντυνόμαστε	ντυνόμασταν	ντυθήκαμε	θα ντυθούμε	θα ντυνόμασταν	έχουμε ντυθεί
ιείς	ντύνεστε	ντυνόσασταν	ντυθήκατε	θα ντυθείτε	θα ντυνόσασταν	έχετε ντυθεί
ιτοί/ ιτές ιτά	ντύνονται	ντύνονταν	ντύθηκαν	θα ντυθούν	θα ντυνόνταν	έχουν ντυθεί

www.learnbots.com

	Ενεστώτας	Παρατατικός	Αόριστος	Στιγμιαίος Μέλλοντας	Υποθετικός Μέλλοντας	Παρακείμε
Εγώ	παντρεύομαι	παντρευόμουν	παντρεύτηκα	θα παντρευτώ	θα παντρευόμουν	έχω παντρευ
Εσύ	παντρεύσεσαι	παντρευόσουν	παντρεύτηκες	θα παντρευτείς	θα παντρευόσουν	έχεις παντρευ
Αυτός/ Αυτή Αυτό	παντρεύεται	παντρευόταν	παντρεύτηκε	θα παντρευτεί	θα παντρευόταν	έχει παντρευ
Εμείς	παντρευόμαστε	παντρευόμασταν	παντρευτήκαμε	θα παντρευτούμε	θα παντρευόμασταν	έχουμ παντρευ
Εσείς	παντρεύεστε	παντρευόσασταν	παντρευτήκατε	θα παντρευτείτε	θα παντρευόσασταν	έχετε παντρευ
Αυτοί/ Αυτές/ Αυτά	παντρεύονται	παντρεύονταν	παντρεύτηκαν	θα παντρευτούν	θα παντρευόνταν	έχουν παντρευ

w.learnbots.com

	Ενεστώτας	Παρατατικός	Αόριστος	Στιγμιαίος Μέλλοντας	Υποθετικός Μέλλοντας	Παρακείμενος
γώ	δίνω	έδινα	έδωσα	θα δώσω	θα έδινα	έχω δώσει
σύ	δίνεις	έδινες	έδωσες	θα δώσεις	θα έδινες	έχεις δώσει
τός/ υτή/ ιτό	δίνει	έδινε	έδωσε	θα δώσει	θα έδινε	έχει δώσει
μείς	δίνουμε	δίναμε	δώσαμε	θα δώσουμε	θα δίναμε	έχουμε δώσει
σείς	δίνετε	δίνατε	δώσατε	θα δώσετε	θα δίνατε	έχετε δώσει
τοί/ τές/ ιτά	δίνουν	έδιναν	έδωσαν	θα δώσουν	θα έδιναν	έχουν δώσει

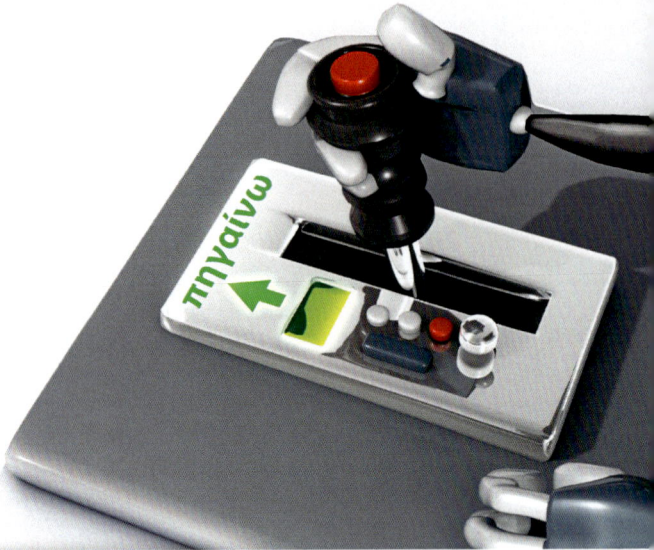

ondyGARNICA

www.learnbots.com

	Ενεστώτας	Παρατατικός	Αόριστος	Στιγμιαίος Μέλλοντας	Υποθετικός Μέλλοντας	Παρακείμεν
Εγώ	πηγαίνω	πήγαινα	πήγα	θα παώ	θα πήγαινα	έχω πά
Εσύ	πηγαίνεις	πήγαινες	πήγες	θα πας	θα πήγαινες	έχεις πι
Αυτός/ Αυτή Αυτό	πηγαίνει	πήγαινε	πήγε	θα πάει	θα πήγαινε	έχει πά
Εμείς	πηγαίνουμε	πηγαίναμε	πήγαμε	θα πάμε	θα πηγαίναμε	έχουμ πάει
Εσείς	πηγαίνετε	πηγαίνατε	πήγατε	θα πάτε	θα πηγαίνατε	έχετε πι
Αυτοί/ Αυτές/ Αυτά	πηγαίνουν	πήγαιναν	πήγαν	θα πάνε	θα πήγαιναν	έχουν πάει

	Ενεστώτας	Παρατατικός	Αόριστος	Στιγμιαίος Μέλλοντας	Υποθετικός Μέλλοντας	Παρακείμενος
γώ	κατεβαίνω	κατέβαινα	κατέβηκα	θα κατέβω	θα κατέβαινα	έχω κατέβει
σύ	κατεβαίνεις	κατέβαινες	κατέβηκες	θα κατέβεις	θα κατέβαινες	έχεις κατέβει
τός/ πή πό	κατεβαίνει	κατέβαινε	κατέβηκε	θα κατέβει	θα κατέβαινε	έχει κατέβει
εις	κατεβαίνουμε	κατεβαίναμε	κατεβήκαμε	θα κατέβουμε	θα κατεβαίναμε	έχουμε κατέβει
εις	κατεβαίνετε	κατεβαίνατε	κατεβήκατε	θα κατέβετε	θα κατεβαίνατε	έχετε κατέβει
τοί/ τές/ πά	κατεβαίνουν	κατέβαιναν	κατέβηκαν	θα κατέβουν	θα κατέβαιναν	έχουν κατέβει

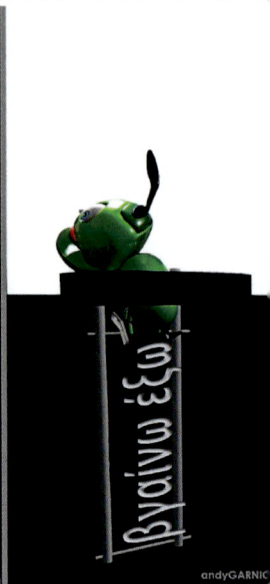

www.learnbots.com

	Ενεστώτας	Παρατατικός	Αόριστος	Στιγμιαίος Μέλλοντας	Υποθετικός Μέλλοντας	Παρακείμ
Εγώ	βγαίνω έξω	έβγαινα έξω	βγήκα έξω	θα βγω έξω	θα έβγαινα έξω	έχω βγ έξω
Εσύ	βγαίνεις έξω	έβγαινες έξω	βγήκες έξω	θα βγεις έξω	θα έβγαινες έξω	έχεις β έξω
Αυτός/ Αυτή Αυτό	βγαίνει έξω	έβγαινε έξω	βγήκε έξω	θα βγει έξω	θα έβγαινε έξω	έχει βγ έξω
Εμείς	βγαίνουμε έξω	βγαίναμε έξω	βγήκαμε έξω	θα βγούμε έξω	θα βγαίναμε έξω	έχουμ βγει έξ
Εσείς	βγαίνετε έξω	βγαίνατε έξω	βγήκατε έξω	θα βγείτε έξω	θα βγαίνατε έξω	έχετε β έξω
Αυτοί/ Αυτές/ Αυτά	βγαίνουν έξω	έβγαιναν έξω	βγήκαν έξω	θα βγουν έξω	θα έβγαιναν έξω	έχουν β έξω

andyGARNICA

www.learnbots.com

	Ενεστώτας	Παρατατικός	Αόριστος	Στιγμιαίος Μέλλοντας	Υποθετικός Μέλλοντας	Παρακείμενος
εγώ	μεγαλώνω	μεγάλωνα	μεγάλωσα	θα μεγαλώσω	θα μεγάλωνα	έχω μεγαλώσει
εσύ	μεγαλώνεις	μεγάλωνες	μεγάλωσες	θα μεγαλώσεις	θα μεγάλωνες	έχεις μεγαλώσει
αυτός/ αυτή/ αυτό	μεγαλώνει	μεγάλωνε	μεγάλωσε	θα μεγαλώσει	θα μεγάλωνε	έχει μεγαλώσει
εμείς	μεγαλώνουμε	μεγαλώναμε	μεγαλώσαμε	θα μεγαλώσουμε	θα μεγαλώναμε	έχουμε μεγαλώσει
εσείς	μεγαλώνετε	μεγαλώνατε	μεγαλώσατε	θα μεγαλώσετε	θα μεγαλώνατε	έχετε μεγαλώσει
αυτοί/ αυτές/ αυτά	μεγαλώνουν	μεγάλωναν	μεγάλωσαν	θα μεγαλώσουν	θα μεγάλωναν	έχουν μεγαλώσει

www.learnbots.com

	Ενεστώτας	Παρατατικός	Αόριστος	Στιγμιαίος Μέλλοντας	Υποθετικός Μέλλοντας	Παρακείμε
Εγώ	έχω	είχα	είχα	θα έχω	θα είχα	
Εσύ	έχεις	είχες	είχες	θα έχεις	θα είχες	
Αυτός/ Αυτή Αυτό	έχει	είχε	είχε	θα έχει	θα είχε	
Εμείς	έχουμε	είχαμε	είχαμε	θα έχουμε	θα είχαμε	
Εσείς	έχετε	είχατε	είχατε	θα έχετε	θα είχατε	
Αυτοί/ Αυτές/ Αυτά	έχουν	είχαν	είχαν	θα έχουν	θα είχαν	

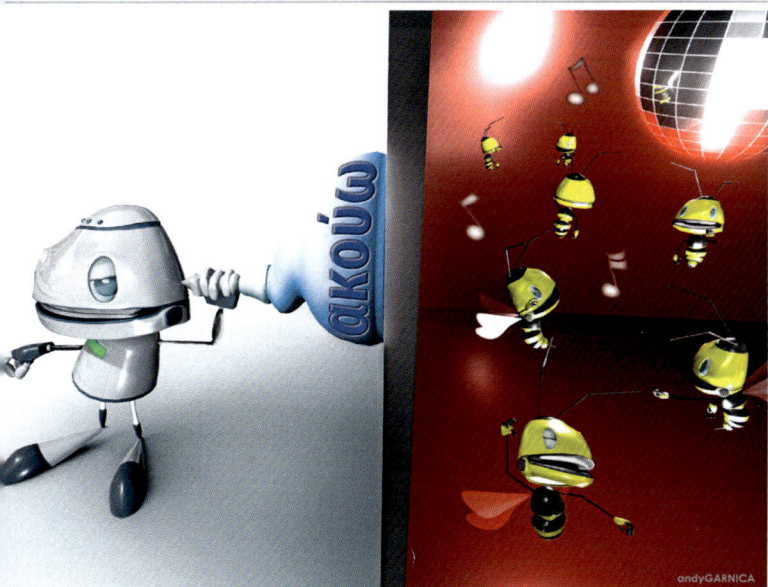

	Ενεστώτας	Παρατατικός	Αόριστος	Στιγμιαίος Μέλλοντας	Υποθετικός Μέλλοντας	Παρακείμενος
γώ	ακούω	άκουγα	άκουσα	θα ακούσω	θα άκουγα	έχω ακούσει
σύ	ακούς	άκουγες	άκουσες	θα ακούσεις	θα άκουγες	έχεις ακούσει
τός/ ιτή ιτό	ακούει	άκουγε	άκουσε	θα ακούσει	θα άκουγε	έχει ακούσει
ιείς	ακούμε	ακούγαμε	ακούσαμε	θα ακούσουμε	θα ακούγαμε	έχουμε ακούσει
ιείς	ακούτε	ακούγατε	ακούσατε	θα ακούσετε	θα ακούγατε	έχετε ακούσει
τοί/ τές/ ιτά	ακούνε	άκουγαν	άκουσαν	θα ακούσουν	θα άκουγαν	έχουν ακούσει

πηδώ

www.learnbots.com

	Ενεστώτας	Παρατατικός	Αόριστος	Στιγμιαίος Μέλλοντας	Υποθετικός Μέλλοντας	Παρακείμε
Εγώ	πηδώ	πηδούσα	πήδηξα	θα πηδήξω	θα πηδούσα	έχω πηδήξ
Εσύ	πηδάς	πηδούσες	πήδηξες	θα πηδήξεις	θα πηδούσες	έχεις πηδήξ
Αυτός/ Αυτή Αυτό	πηδά	πηδούσε	πήδηξε	θα πηδήξει	θα πηδούσε	έχει πηδήξ
Εμείς	πηδάμε	πηδούσαμε	πηδήξαμε	θα πηδήξουμε	θα πηδούσαμε	έχουμ πηδήξ
Εσείς	πηδάτε	πηδούσατε	πηδήξατε	θα πηδήξετε	θα πηδούσατε	έχετε πηδήξ
Αυτοί/ Αυτές/ Αυτά	πηδούν	πηδούσαν	πήδηξαν	θα πηδήξουν	θα πηδούσαν	έχου πηδήξ

www.learnbots.com

	Ενεστώτας	Παρατατικός	Αόριστος	Στιγμιαίος Μέλλοντας	Υποθετικός Μέλλοντας	Παρακείμενος
γώ	κλωτσάω	κλωτσούσα	κλώτσησα	θα κλωτσήσω	θα κλωτσούσα	έχω κλωτσήσει
ού	κλωτσάς	κλωτσούσες	κλώτσησες	θα κλωτσήσεις	θα κλωτσούσες	έχεις κλωτσήσει
ός/ ιτή ιτό	κλωτσά	κλωτσούσε	κλώτσησε	θα κλωτσήσει	θα κλωτσούσε	έχει κλωτσήσει
είς	κλωτσάμε	κλωτσούσαμε	κλωτσήσαμε	θα κλωτσήσουμε	θα κλωτσούσαμε	έχουμε κλωτσήσει
είς	κλωτσάτε	κλωτσούσατε	κλωτσήσατε	θα κλωτσήσετε	θα κλωτσούσατε	έχετε κλωτσήσει
τοί/ ές/ τά	κλωτσούν	κλωτσούσαν	κλώτσησαν	θα κλωτσήσουν	θα κλωτσούσαν	έχουν κλωτσήσει

www.learnbots.com

	Ενεστώτας	Παρατατικός	Αόριστος	Στιγμιαίος Μέλλοντας	Υποθετικός Μέλλοντας	Παρακείμε
Εγώ	φιλώ	φιλούσα	φίλησα	θα φιλήσω	θα φιλούσα	έχω φιλήσ
Εσύ	φιλάς	φιλούσες	φίλησες	θα φιλήσεις	θα φιλούσες	έχεις φιλήσ
Αυτός/ Αυτή Αυτό	φιλά	φιλούσε	φίλησε	θα φιλήσει	θα φιλούσε	έχει φιλήσ
Εμείς	φιλάμε	φιλούσαμε	φιλήσαμε	θα φιλήσουμε	θα φιλούσαμε	έχουμ φιλήσ
Εσείς	φιλάτε	φιλούσατε	φιλήσατε	θα φιλήσετε	θα φιλούσατε	έχετε φιλήσ
Αυτοί/ Αυτές/ Αυτά	φιλούν	φιλούσαν	φίλησαν	θα φιλήσουν	θα φιλούσαν	έχουν φιλήσ

w.learnbots.com

	Ενεστώτας	Παρατατικός	Αόριστος	Στιγμιαίος Μέλλοντας	Υποθετικός Μέλλοντας	Παρακείμενος
γώ	ξέρω	ήξερα		θα ξέρω	θα ήξερα	
σύ	ξέρεις	ήξερες		θα ξέρεις	θα ήξερες	
τός/ τή τό	ξέρει	ήξερε		θα ξέρει	θα ήξερε	
είς	ξέρουμε	ξέραμε		θα ξέρουμε	θα ξέραμε	
είς	ξέρετε	ξέρατε		θα ξέρετε	θα ξέρατε	
τοί/ έ ς/ τά	ξέρουν	ήξεραν		θα ξέρουν	θα ήξεραν	

www.learnbots.com

	Ενεστώτας	Παρατατικός	Αόριστος	Στιγμιαίος Μέλλοντας	Υποθετικός Μέλλοντας	Παρακείμε
Εγώ	μαθαίνω	μάθαινα	έμαθα	θα μάθω	θα μάθαινα	έχω μά
Εσύ	μαθαίνεις	μάθαινες	έμαθες	θα μάθεις	θα μάθαινες	έχεις μάθε
Αυτός/ Αυτή Αυτό	μαθαίνει	μάθαινε	έμαθε	θα μάθει	θα μάθαινε	έχει μά
Εμείς	μαθαίνουμε	μαθαίναμε	μάθαμε	θα μάθουμε	θα μαθαίναμε	έχουμ μάθε
Εσείς	μαθαίνετε	μαθαίνατε	μάθατε	θα μάθετε	θα μαθαίνατε	έχετε μάθε
Αυτοί/ Αυτές/ Αυτά	μαθαίνουν	μάθαιναν	έμαθαν	θα μάθουν	θα μάθαιναν	έχου μάθε

	Ενεστώτας	Παρατατικός	Αόριστος	Στιγμιαίος Μέλλοντας	Υποθετικός Μέλλοντας	Παρακείμενος
γώ	λέω ψέματα	έλεγα ψέματα	είπα ψέματα	θα πω ψέματα	θα έλεγα ψέματα	έχω πει ψέματα
Ͽύ	λες ψέματα	έλεγες ψέματα	είπες ψέματα	θα πεις ψέματα	θα έλεγες ψέματα	έχεις πει ψέματα
τός/ ͻτή ͻτό	λέει ψέματα	έλεγε ψέματα	είπε ψέματα	θα πει ψέματα	θα έλεγε ψέματα	έχει πει ψέματα
ϵείς	λέμε ψέματα	λέγαμε ψέματα	είπαμε ψέματα	θα πούμε ψέματα	θα λέγαμε ψέματα	έχουμε πει ψέματα
ϵείς	λέτε ψέματα	λέγατε ψέματα	είπατε ψέματα	θα πείτε ψέματα	θα λέγατε ψέματα	έχετε πει ψέματα
τοί/ ͻές/ ͻτά	λένε ψέματα	έλεγαν ψέματα	είπαν ψέματα	θα πουν ψέματα	θα έλεγαν ψέματα	έχουν πει ψέματα

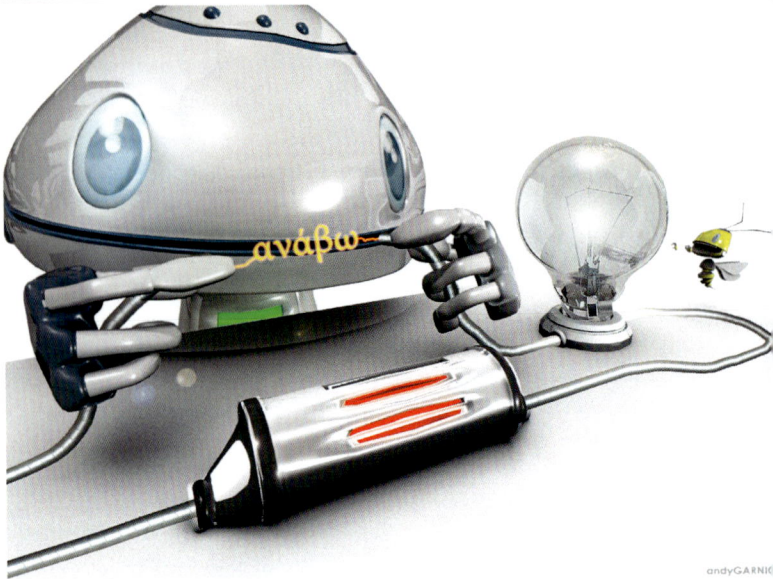

www.learnbots.com

	Ενεστώτας	Παρατατικός	Αόριστος	Στιγμιαίος Μέλλοντας	Υποθετικός Μέλλοντας	Παρακείμεν
Εγώ	ανάβω	άναβα	άναψα	θα ανάψω	θα άναβα	έχω ανάψε
Εσύ	ανάβεις	άναβες	άναψες	θα ανάψεις	θα άναβες	έχεις ανάψε
Αυτός/ Αυτή Αυτό	ανάβει	άναβε	άναψε	θα ανάψει	θα άναβε	έχει ανάψε
Εμείς	ανάβουμε	ανάβαμε	ανάψαμε	θα ανάψουμε	θα ανάβαμε	έχουμ ανάψε
Εσείς	ανάβετε	ανάβατε	ανάψατε	θα ανάψετε	θα ανάβατε	έχετε ανάψε
Αυτοί/ Αυτές/ Αυτά	ανάβουν	άναβαν	άναψαν	θα ανάψουν	θα άναβαν	έχουν ανάψε

andyGARNICA

w.learnbots.com

	Ενεστώτας	Παρατατικός	Αόριστος	Στιγμιαίος Μέλλοντας	Υποθετικός Μέλλοντας	Παρακείμενος
γώ	μου αρέσει	μου άρεσε	μου άρεσε	θα μου αρέσει	θα μου άρεσε	μου έχει αρέσει
σύ	σου αρέσει	σου άρεσε	σου άρεσε	θα σου αρέσει	θα σου άρεσε	σου έχει αρέσει
τός/ πή/ ιτό	του αρέσει	του άρεσε	του άρεσε	θα του αρέσει	θα του άρεσε	του έχει αρέσει
ιείς	μας αρέσει	μας άρεσε	μας άρεσε	θα μας αρέσει	θα μας άρεσε	μας έχει αρέσει
ιείς	σας αρέσει	σας άρεσε	σας άρεσε	θα σας αρέσει	θα σας άρεσε	σας έχει αρέσει
τοί/ τές/ ιτά	τους αρέσει	τους άρεσε	τους άρεσε	θα τους αρέσει	θα τους άρεσε	τους έχει αρέσει

andyGARNICA

www.learnbots.com

	Ενεστώτας	Παρατατικός	Αόριστος	Στιγμιαίος Μέλλοντας	Υποθετικός Μέλλοντας	Παρακείμεν
Εγώ	χάνω	έχανα	έχασα	θα χάσω	θα έχανα	έχω χάσ
Εσύ	χάνεις	έχανες	έχασες	θα χάσεις	θα έχανες	έχεις χάσε
Αυτός/ Αυτή Αυτό	χάνει	έχανε	έχασε	θα χάσει	θα έχανε	έχει χάσ
Εμείς	χάνουμε	χάναμε	χάσαμε	θα χάσουμε	θα χάναμε	έχουμ χάσε
Εσείς	χάνετε	χάνατε	χάσατε	θα χάσετε	θα χάνατε	έχετε χάσε
Αυτοί/ Αυτές/ Αυτά	χάνουν	έχαναν	έχασαν	θα χάσουν	θα έχαναν	έχου χάσε

andyGARNICA

v.learnbots.com

	Ενεστώτας	Παρατατικός	Αόριστος	Στιγμιαίος Μέλλοντας	Υποθετικός Μέλλοντας	Παρακείμενος
γώ	αγαπώ	αγαπούσα	αγάπησα	θα αγαπήσω	θα αγαπούσα	έχω αγαπήσει
σύ	αγαπάς	αγαπούσες	αγάπησες	θα αγαπήσεις	θα αγαπούσες	έχεις αγαπήσει
τός/ ιτή ιτό	αγαπά	αγαπούσε	αγάπησε	θα αγαπήσει	θα αγαπούσε	έχει αγαπήσει
εείς	αγαπάμε	αγαπούσαμε	αγαπήσαμε	θα αγαπήσουμε	θα αγαπούσαμε	έχουμε αγαπήσει
εείς	αγαπάτε	αγαπούσατε	αγαπήσατε	θα αγαπήσετε	θα αγαπούσατε	έχετε αγαπήσει
τοί/ ιτές/ ιτά	αγαπούν	αγαπούσαν	αγάπησαν	θα αγαπήσουν	θα αγαπούσαν	έχουν αγαπήσει

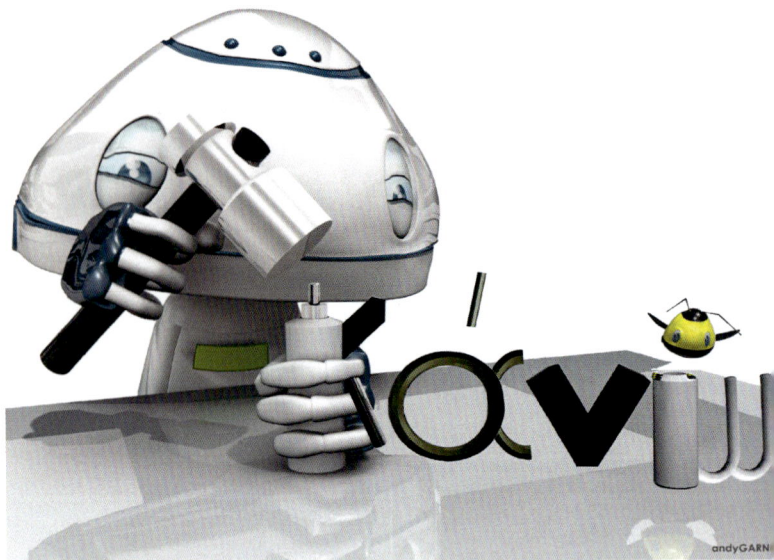

www.learnbots.com

	Ενεστώτας	Παρατατικός	Αόριστος	Στιγμιαίος Μέλλοντας	Υποθετικός Μέλλοντας	Παρακείμε
Εγώ	κάνω	έκανα	έκανα	θα κάνω	θα έκανα	έχω κά
Εσύ	κάνεις	έκανες	έκανες	θα κάνεις	θα έκανες	έχεις κάνει
Αυτός/ Αυτή Αυτό	κάνει	έκανε	έκανε	θα κάνει	θα έκανε	έχει κά
Εμείς	κάνουμε	κάναμε	κάναμε	θα κάνουμε	θα κάναμε	έχουμ κάνει
Εσείς	κάνετε	κάνατε	κάνατε	θα κάνετε	θα κάνατε	έχετε κάνει
Αυτοί/ Αυτές/ Αυτά	κάνουν	έκαναν	έκαναν	θα κάνουν	θα έκαναν	έχουν κάνει

www.learnbots.com

	Ενεστώτας	Παρατατικός	Αόριστος	Στιγμιαίος Μέλλοντας	Υποθετικός Μέλλοντας	Παρακείμενος
γώ	ανοίγω	άνοιγα	άνοιξα	θα ανοίξω	θα άνοιγα	έχω ανοίξει
σύ	ανοίγεις	άνοιγες	άνοιξες	θα ανοίξεις	θα άνοιγες	έχεις ανοίξει
τός/ πή/ ιτό	ανοίγει	άνοιγε	άνοιξε	θα ανοίξει	θα άνοιγε	έχει ανοίξει
ιείς	ανοίγουμε	ανοίγαμε	ανοίξαμε	θα ανοίξουμε	θα ανοίγαμε	έχουμε ανοίξει
ιείς	ανοίγετε	ανοίγατε	ανοίξατε	θα ανοίξετε	θα ανοίγατε	έχετε ανοίξει
τοί/ τές/ ιτά	ανοίγουν	άνοιγαν	άνοιξαν	θα ανοίξουν	θα άνοιγαν	έχουν ανοίξει

www.learnbots.com

	Ενεστώτας	Παρατατικός	Αόριστος	Στιγμιαίος Μέλλοντας	Υποθετικός Μέλλοντας	Παρακείμεν
Εγώ	οργανώνω	οργάνωνα	οργάνωσα	θα οργανώσω	θα οργάνωνα	έχω οργανώ
Εσύ	οργανώνεις	οργάνωνες	οργάνωσες	θα οργανώσεις	θα οργάνωνες	έχεις οργανώ
Αυτός/ Αυτή Αυτό	οργανώνει	οργάνωνε	οργάνωσε	θα οργανώσει	θα οργάνωνε	έχει οργανώ
Εμείς	οργανώνουμε	οργανώναμε	οργανώσαμε	θα οργανώσουμε	θα οργανώναμε	έχουμε οργανώ
Εσείς	οργανώνετε	οργανώνατε	οργανώσατε	θα οργανώσετε	θα οργανώνατε	έχετε οργανώ
Αυτοί/ Αυτές/ Αυτά	οργανώνουν	οργάνωναν	οργάνωσαν	θα οργανώσουν	θα οργάνωναν	έχουν οργανώ

ζωγραφίζω

v.learnbots.com

	Ενεστώτας	Παρατατικός	Αόριστος	Στιγμιαίος Μέλλοντας	Υποθετικός Μέλλοντας	Παρακείμενος
γώ	ζωγραφίζω	ζωγράφιζα	ζωγράφισα	θα ζωγραφίσω	θα ζωγράφιζα	έχω ζωγραφίσει
σύ	ζωγραφίζεις	ζωγράφιζες	ζωγράφισες	θα ζωγραφίσεις	θα ζωγράφιζες	έχεις ζωγραφίσει
τός/ ιτή τό	ζωγραφίζει	ζωγράφιζε	ζωγράφισε	θα ζωγραφίσει	θα ζωγράφιζε	έχει ζωγραφίσει
ιείς	ζωγραφίζουμε	ζωγραφίζαμε	ζωγραφίσαμε	θα ζωγραφίσουμε	θα ζωγραφίζαμε	έχουμε ζωγραφίσει
ιείς	ζωγραφίζετε	ζωγραφίζατε	ζωγραφίσατε	θα ζωγραφίσετε	θα ζωγραφίζατε	έχετε ζωγραφίσει
τοί/ ιές/ ιτά	ζωγραφίζουν	ζωγράφιζαν	ζωγράφισαν	θα ζωγραφίσουν	θα ζωγράφιζαν	έχουν ζωγραφίσει

www.learnbots.com

	Ενεστώτας	Παρατατικός	Αόριστος	Στιγμιαίος Μέλλοντας	Υποθετικός Μέλλοντας	Παρακείμεν
Εγώ	πληρώνω	πλήρωνα	πλήρωσα	θα πληρώσω	θα πλήρωνα	έχω πληρώ
Εσύ	πληρώνεις	πλήρωνες	πλήρωσες	θα πληρώσεις	θα πλήρωνες	έχεις πληρώ
Αυτός/ Αυτή Αυτό	πληρώνει	πλήρωνε	πλήρωσε	θα πληρώσει	θα πλήρωνε	έχει πληρώ
Εμείς	πληρώνουμε	πληρώναμε	πληρώσαμε	θα πληρώσουμε	θα πληρώναμε	έχουμ πληρώ
Εσείς	πληρώνετε	πληρώνατε	πληρώσατε	θα πληρώσετε	θα πληρώνατε	έχετε πληρώ
Αυτοί/ Αυτές/ Αυτά	πληρώνουν	πλήρωναν	πλήρωσαν	θα πληρώσουν	θα πλήρωναν	έχουν πληρώ

w.learnbots.com

	Ενεστώτας	Παρατατικός	Αόριστος	Στιγμιαίος Μέλλοντας	Υποθετικός Μέλλοντας	Παρακείμενος
γώ	παίζω	έπαιζα	έπαιξα	θα παίξω	θα έπαιζα	έχω παίξει
σύ	παίζεις	έπαιζες	έπαιξες	θα παίξεις	θα έπαιζες	έχεις παίξει
τός/ υτή ιτό	παίζει	έπαιζε	έπαιξε	θα παίξει	θα έπαιζε	έχει παίξει
ιείς	παίζουμε	παίζαμε	παίξαμε	θα παίξουμε	θα παίζαμε	έχουμε παίξει
σείς	παίζετε	παίζατε	παίξατε	θα παίξετε	θα παίζατε	έχετε παίξει
τοί/ τές/ ιτά	παίζουν	έπαιζαν	έπαιξαν	θα παίξουν	θα έπαιζαν	έχουν παίξει

www.learnbots.com

	Ενεστώτας	Παρατατικός	Αόριστος	Στιγμιαίος Μέλλοντας	Υποθετικός Μέλλοντας	Παρακείμεν
Εγώ	γυαλίζω	γυάλιζα	γυάλισα	θα γυαλίσω	θα γυάλιζα	έχω γυαλίσ
Εσύ	γυαλίζεις	γυάλιζες	γυάλισες	θα γυαλίσεις	θα γυάλιζες	έχεις γυαλίσ
Αυτός/ Αυτή Αυτό	γυαλίζει	γυάλιζε	γυάλισε	θα γυαλίσει	θα γυάλιζε	έχει γυαλίσ
Εμείς	γυαλίζουμε	γυαλίζαμε	γυαλίσαμε	θα γυαλίσουμε	θα γυαλίζαμε	έχουμ γυαλίσ
Εσείς	γυαλίζετε	γυαλίζατε	γυαλίσατε	θα γυαλίσετε	θα γυαλίζατε	έχετε γυαλίσ
Αυτοί/ Αυτές/ Αυτά	γυαλίζουν	γυάλιζαν	γυάλισαν	θα γυαλίσουν	θα γυάλιζαν	έχουν γυαλίσ

βάζω

andyGARNICA

w.learnbots.com

	Ενεστώτας	Παρατατικός	Αόριστος	Στιγμιαίος Μέλλοντας	Υποθετικός Μέλλοντας	Παρακείμενος
γώ	βάζω	έβαζα	έβαλα	θα βάλω	θα έβαζα	έχω βάλει
σύ	βάζεις	έβαζες	έβαλες	θα βάλεις	θα έβαζες	έχεις βάλει
τός/ πή ρό	βάζει	έβαζε	έβαλε	θα βάλει	θα έβαζε	έχει βάλει
εείς	βάζουμε	βάζαμε	βάλαμε	θα βάλουμε	θα βάζαμε	έχουμε βάλει
εείς	βάζετε	βάζατε	βάλατε	θα βάλετε	θα βάζατε	έχετε βάλει
τοί/ τές/ τά	βάζουν	έβαζαν	έβαλαν	θα βάλουν	θα έβαζαν	έχουν βάλει

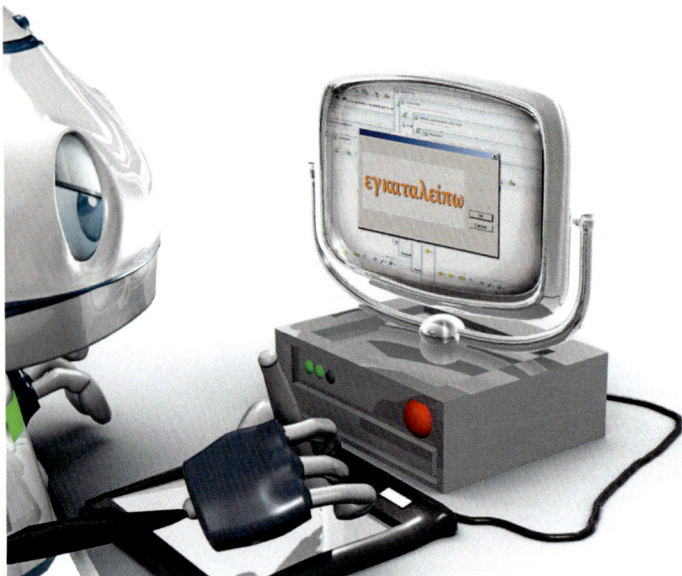

www.learnbots.com

	Ενεστώτας	Παρατατικός	Αόριστος	Στιγμιαίος Μέλλοντας	Υποθετικός Μέλλοντας	Παρακείμε
Εγώ	εγκαταλείπω	εγκατέλειπα	εγκατέλειψα	θα εγκαταλείψω	θα εγκατάλειπα	έχω εγκαταλεί
Εσύ	εγκαταλείπεις	εγκατέλειπες	εγκατέλειψες	θα εγκαταλείψεις	θα εγκατέλειπες	έχεις εγκαταλεί
Αυτός/ Αυτή Αυτό	εγκαταλείπει	εγκατέλειπε	εγκατέλειψε	θα εγκαταλείψει	θα εγκατέλειπε	έχει εγκαταλεί
Εμείς	εγκαταλείπουμε	εγκαταλείπαμε	εγκαταλείψαμε	θα εγκαταλείψουμε	θα εγκαταλείπαμε	έχουμε εγκαταλεί
Εσείς	εγκαταλείπετε	εγκαταλείπατε	εγκαταλείψατε	θα εγκαταλείψετε	θα εγκαταλείπατε	έχετε εγκαταλεί
Αυτοί/ Αυτές/ Αυτά	εγκαταλείπουν	εγκατέλειπαν	εγκατέλειψαν	θα εγκαταλείψουν	θα εγκατέλειπαν	έχουν εγκαταλεί

andyGARNICA

v.learnbots.com

	Ενεστώτας	Παρατατικός	Αόριστος	Στιγμιαίος Μέλλοντας	Υποθετικός Μέλλοντας	Παρακείμενος
γώ						
σύ						
τός/ ητή ητό	βρέχει	έβρεχε	έβρεξε	θα βρέξει	θα έβρεχε	έχει βρέξει
ιείς						
ιείς						
τοί/ έές/ ητά						

www.learnbots.com

	Ενεστώτας	Παρατατικός	Αόριστος	Στιγμιαίος Μέλλοντας	Υποθετικός Μέλλοντας	Παρακείμε
Εγώ	διαβάζω	διάβαζα	διάβασα	θα διαβάσω	θα διάβαζα	έχω διαβάσ
Εσύ	διαβάζεις	διάβαζες	διάβασες	θα διαβάσεις	θα διάβαζες	έχεις διαβάσ
Αυτός/ Αυτή Αυτό	διαβάζει	διάβαζε	διάβασε	θα διαβάσει	θα διάβαζε	έχει διαβάσ
Εμείς	διαβάζουμε	διαβάζαμε	διαβάσαμε	θα διαβάσουμε	θα διαβάζαμε	έχουμ διαβάσ
Εσείς	διαβάζετε	διαβάζατε	διαβάσατε	θα διαβάσετε	θα διαβάζατε	έχετε διαβάσ
Αυτοί/ Αυτές/ Αυτά	διαβάζουν	διάβαζαν	διάβασαν	θα διαβάσουν	θα διάβαζαν	έχουν διαβάσ

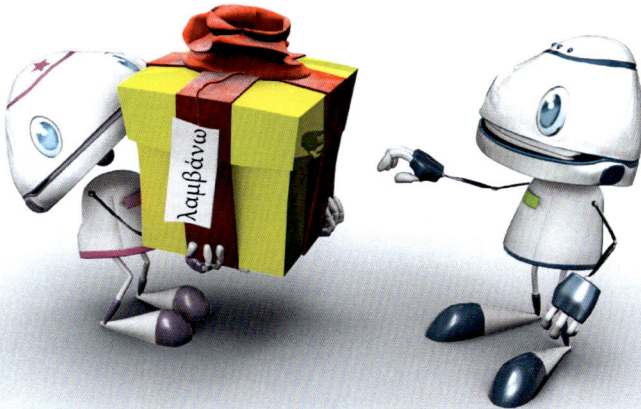

andyGARNICA

w.learnbots.com

	Ενεστώτας	Παρατατικός	Αόριστος	Στιγμιαίος Μέλλοντας	Υποθετικός Μέλλοντας	Παρακείμενος
·ώ	λαμβάνω	λάμβανα	έλαβα	θα λάβω	θα λάμβανα	έχω λάβει
·ύ	λαμβάνεις	λάμβανες	έλαβες	θα λάβεις	θα λάμβανες	έχεις λάβει
·ός/ ·ητή ·ητό	λαμβάνει	λάμβανε	έλαβε	θα λάβει	θα λάμβανε	έχει λάβει
·είς	λαμβάνουμε	λαμβάναμε	λάβαμε	θα λάβουμε	θα λαμβάναμε	έχουμε λάβει
·είς	λαμβάνετε	λαμβάνατε	λάβατε	θα λάβετε	θα λαμβάνατε	έχετε λάβει
·οί/ ·ές/ ·τά	λαμβάνουν	λάμβαναν	έλαβαν	θα λάβουν	θα λάμβαναν	έχουν λάβει

06/03/2982

● καταγράφω

andyGARNI

www.learnbots.com

	Ενεστώτας	Παρατατικός	Αόριστος	Στιγμιαίος Μέλλοντας	Υποθετικός Μέλλοντας	Παρακείμε
Εγώ	καταγράφω	κατέγραφα	κατέγραψα	θα καταγράψω	θα κατέγραφα	έχω καταγράψ
Εσύ	καταγράφεις	κατέγραφες	κατέγραψες	θα καταγράψεις	θα κατέγραφες	έχεις καταγράψ
Αυτός/ Αυτή Αυτό	καταγράφει	κατέγραφε	κατέγραψε	θα καταγράψει	θα κατέγραφε	έχει καταγράψ
Εμείς	καταγράφουμε	καταγράφαμε	καταγράψαμε	θα καταγράψουμε	θα καταγράφαμε	έχουμε καταγράψ
Εσείς	καταγράφετε	καταγράφατε	καταγράψατε	θα καταγράψετε	θα καταγράφατε	έχετε καταγράψ
Αυτοί/ Αυτές/ Αυτά	καταγράφουν	κατέγραφαν	κατέγραψαν	θα καταγράψουν	θα κατέγραφαν	έχουν καταγράψ

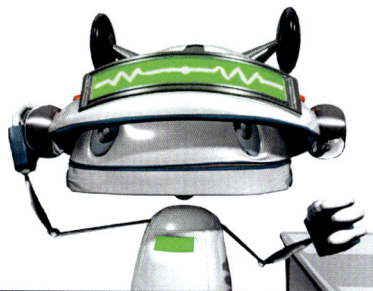

v.learnbots.com

	Ενεστώτας	Παρατατικός	Αόριστος	Στιγμιαίος Μέλλοντας	Υποθετικός Μέλλοντας	Παρακείμενος
γώ	θυμάμαι	θυμόμουν	θυμήθηκα	θα θυμηθώ	θα θυμόμουν	έχω θυμηθεί
σύ	θυμάσαι	θυμόσουν	θυμήθηκες	θα θυμηθείς	θα θυμόσουν	έχεις θυμηθεί
ός/ ή/ ό	θυμάται	θυμόταν	θυμήθηκε	θα θυμηθεί	θα θυμόταν	έχει θυμηθεί
είς	θυμόμαστε	θυμόμασταν	θυμηθήκαμε	θα θυμηθούμε	θα θυμόμασταν	έχουμε θυμηθεί
είς	θυμάστε	θυμόσασταν	θυμηθήκατε	θα θυμηθείτε	θα θυμόσασταν	έχετε θυμηθεί
τοί/ ές/ τά	θυμούνται	θυμόντουσαν	θυμήθηκαν	θα θυμηθούν	θα θυμόντουσαν	έχουν θυμηθεί

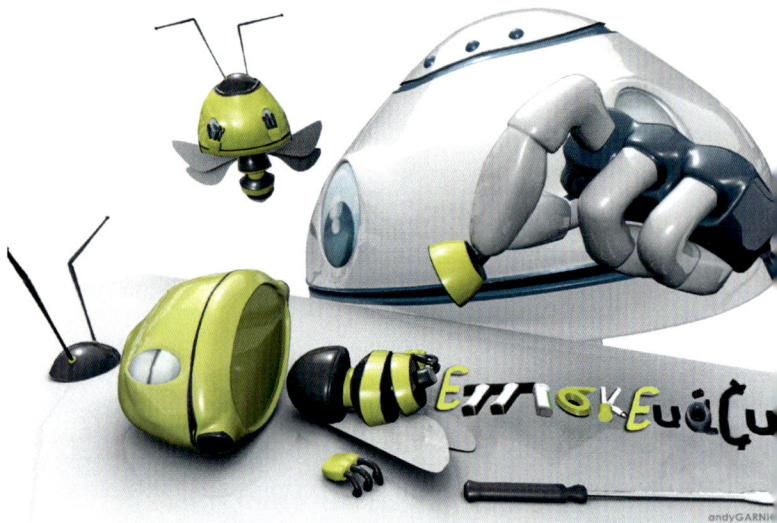

www.learnbots.com

	Ενεστώτας	Παρατατικός	Αόριστος	Στιγμιαίος Μέλλοντας	Υποθετικός Μέλλοντας	Παρακείμε
Εγώ	επισκευάζω	επισκεύαζα	επισκεύασα	θα επισκευάσω	θα επισκεύαζα	έχω επισκευά
Εσύ	επισκευάζεις	επισκεύαζες	επισκεύασες	θα επισκευάσεις	θα επισκεύαζες	έχεις επισκευά
Αυτός/ Αυτή Αυτό	επισκευάζει	επισκεύαζε	επισκεύασε	θα επισκευάσει	θα επισκεύαζε	έχει επισκευά
Εμείς	επισκευάζουμε	επισκευάζαμε	επισκευάσαμε	θα επισκευάσουμε	θα επισκευάζαμε	έχουμε επισκευά
Εσείς	επισκευάζετε	επισκευάζατε	επισκευάσατε	θα επισκευάσετε	θα επισκευάζατε	έχετε επισκευά
Αυτοί/ Αυτές/ Αυτά	επισκευάζουν	επισκεύαζαν	επισκεύασαν	θα επισκευάσουν	θα επισκεύαζαν	έχουν επισκευά

επιστρέφω

v.learnbots.com

	Ενεστώτας	Παρατατικός	Αόριστος	Στιγμιαίος Μέλλοντας	Υποθετικός Μέλλοντας	Παρακείμενος
γώ	επιστρέφω	επέστρεφα	επέστρεψα	θα επιστρέψω	θα επέστρεφα	έχω επιστρέψει
σύ	επιστρέφεις	επέστρεφες	επέστρεψες	θα επιστρέψεις	θα επέστρεφες	έχεις επιστρέψει
τός/ ητή/ ητό	επιστρέφει	επέστρεφε	επέστρεψε	θα επιστρέψει	θα επέστρεφε	έχει επιστρέψει
ιείς	επιστρέφουμε	επιστρέφαμε	επιστρέψαμε	θα επιστρέψουμε	θα επιστρέφαμε	έχουμε επιστρέψει
ιείς	επιστρέφετε	επιστρέφατε	επιστρέψατε	θα επιστρέψετε	θα επιστρέφατε	έχετε επιστρέψει
τοί/ τές/ ητά	επιστρέφουν	επέστρεφαν	επέστρεψαν	θα επιστρέψουν	θα επέστρεφαν	έχουν επιστρέψει

www.learnbots.com

	Ενεστώτας	Παρατατικός	Αόριστος	Στιγμιαίος Μέλλοντας	Υποθετικός Μέλλοντας	Παρακείμεν
Εγώ	τρέχω	έτρεχα	έτρεξα	θα τρέξω	θα έτρεχα	έχω τρέ
Εσύ	τρέχεις	έτρεχες	έτρεξες	θα τρέξεις	θα έτρεχες	έχεις τρέξε
Αυτός/ Αυτή Αυτό	τρέχει	έτρεχε	έτρεξε	θα τρέξει	θα έτρεχε	έχει τρέ
Εμείς	τρέχουμε	τρέχαμε	τρέξαμε	θα τρέξουμε	θα τρέχαμε	έχουμ τρέξε
Εσείς	τρέχετε	τρέχατε	τρέξατε	θα τρέξετε	θα τρέχατε	έχετε τρέξε
Αυτοί/ Αυτές/ Αυτά	τρέχουν	έτρεχαν	έτρεξαν	θα τρέξουν	θα έτρεχαν	έχουμ τρέξε

	Ενεστώτας	Παρατατικός	Αόριστος	Στιγμιαίος Μέλλοντας	Υποθετικός Μέλλοντας	Παρακείμενος
γώ	φωνάζω	φώναζα	φώναξα	θα φωνάξω	θα φωνάζα	έχω φωνάξει
σύ	φωνάζεις	φώναζες	φώναξες	θα φωνάξεις	θα φωνάζες	έχεις φωνάξει
τός/ ιτή ιτό	φωνάζει	φώναζε	φώναξε	θα φωνάξει	θα φωνάζε	έχει φωνάξει
ιείς	φωνάζουμε	φωνάζαμε	φωνάξαμε	θα φωνάξουμε	θα φωνάζαμε	έχουμε φωνάξει
ιείς	φωνάζετε	φωνάζατε	φωνάξατε	θα φωνάξετε	θα φωνάζατε	έχετε φωνάξει
τοί/ τές/ τά	φωνάζουν	φώναζαν	φώναξαν	θα φωνάξουν	θα φωνάζαν	έχουν φωνάξει

www.learnbots.com

	Ενεστώτας	Παρατατικός	Αόριστος	Στιγμιαίος Μέλλοντας	Υποθετικός Μέλλοντας	Παρακείμε
Εγώ	ψάχνω	έψαχνα	έψαξα	θα ψάξω	θα έψαχνα	έχω ψά
Εσύ	ψάχνεις	έψαχνες	έψαξες	θα ψάξεις	θα έψαχνες	έχεις ψάξε
Αυτός/ Αυτή Αυτό	ψάχνει	έψαχνε	έψαξε	θα ψάξει	θα έψαχνε	έχει ψά
Εμείς	ψάχνουμε	ψάχναμε	ψάξαμε	θα ψάξουμε	θα ψάχναμε	έχουμ ψάξε
Εσείς	ψάχνετε	ψάχνατε	ψάξατε	θα ψάξετε	θα ψάχνατε	έχετε ψάξε
Αυτοί/ Αυτές/ Αυτά	ψάχνουν	έψαχναν	έψαξαν	θα ψάξουν	θα έψαχναν	έχουν ψάξε

andyGARNICA

v.learnbots.com

	Ενεστώτας	Παρατατικός	Αόριστος	Στιγμιαίος Μέλλοντας	Υποθετικός Μέλλοντας	Παρακείμενος
γώ	βλέπω	έβλεπα	είδα	θα δω	θα έβλεπα	έχω δει
ςύ	βλέπεις	έβλεπες	είδες	θα δεις	θα έβλεπες	έχεις δει
πός/ πή πό	βλέπει	έβλεπε	είδε	θα δει	θα έβλεπε	έχει δει
είς	βλέπουμε	βλέπαμε	είδαμε	θα δούμε	θα βλέπαμε	έχουμε δει
είς	βλέπετε	βλέπατε	είδατε	θα δείτε	θα βλέπατε	έχετε δει
τοί/ τές/ τά	βλέπουν	έβλεπαν	είδαν	θα δουν	θα έβλεπαν	έχουν δει

www.learnbots.com

	Ενεστώτας	Παρατατικός	Αόριστος	Στιγμιαίος Μέλλοντας	Υποθετικός Μέλλοντας	Παρακείμεν
Εγώ	χωρίζω	χώριζα	χώρισα	θα χωρίσω	θα χώριζα	έχω χωρίσ
Εσύ	χωρίζεις	χώριζες	χώρισες	θα χωρίσεις	θα χώριζες	έχεις χωρίσ
Αυτός/ Αυτή Αυτό	χωρίζει	χώριζε	χώρισε	θα χωρίσει	θα χώριζε	έχει χωρίσ
Εμείς	χωρίζουμε	χωρίζαμε	χωρίσαμε	θα χωρίσουμε	θα χωρίζαμε	έχουμ χωρίσ
Εσείς	χωρίζετε	χωρίζατε	χωρίσατε	θα χωρίσετε	θα χωρίζατε	έχετε χωρίσ
Αυτοί/ Αυτές/ Αυτά	χωρίζουν	χώριζαν	χώρισαν	θα χωρίσουν	θα χώριζαν	έχουν χωρίσ

andyGARNICA

v.learnbots.com

	Ενεστώτας	Παρατατικός	Αόριστος	Στιγμιαίος Μέλλοντας	Υποθετικός Μέλλοντας	Παρακείμενος
γώ	δείχνω	έδειχνα	έδειξα	θα δείξω	θα έδειχνα	έχω δείξει
ύ	δείχνεις	έδειχνες	έδειξες	θα δείξεις	θα έδειχνες	έχεις δείξει
ός/ ή ό	δείχνει	έδειχνε	έδειξε	θα δείξει	θα έδειχνε	έχει δείξει
είς	δείχνουμε	δείχναμε	δείξαμε	θα δείξουμε	θα δείχναμε	έχουμε δείξει
είς	δείχνετε	δείχνατε	δείξατε	θα δείξετε	θα δείχνατε	έχετε δείξει
τοί/ ές/ ά	δείχνουν	έδειχναν	έδειξαν	θα δείξουν	θα έδειχναν	έχουν δείξει

andyGARNICA

	Ενεστώτας	Παρατατικός	Αόριστος	Στιγμιαίος Μέλλοντας	Υποθετικός Μέλλοντας	Παρακείμε
Εγώ	κάνω μπάνιο	έκανα μπάνιο	έκανα μπάνιο	θα κάνω μπάνιο	θα έκανα μπάνιο	έχω κά μπάνι
Εσύ	κάνεις μπάνιο	έκανες μπάνιο	έκανες μπάνιο	θα κάνεις μπάνιο	θα έκανες μπάνιο	έχεις κά μπάνι
Αυτός/ Αυτή Αυτό	κάνει μπάνιο	έκανε μπάνιο	έκανε μπάνιο	θα κάνει μπάνιο	θα έκανε μπάνιο	έχει κά μπάνι
Εμείς	κάνουμε μπάνιο	κάναμε μπάνιο	κάναμε μπάνιο	θα κάνουμε μπάνιο	θα κάναμε μπάνιο	έχουμε κ μπάνι
Εσείς	κάνετε μπάνιο	κάνατε μπάνιο	κάνατε μπάνιο	θα κάνετε μπάνιο	θα κάνατε μπάνιο	έχετε κά μπάνι
Αυτοί/ Αυτές/ Αυτά	κάνουν μπάνιο	έκαναν μπάνιο	έκαναν μπάνιο	θα κάνουν μπάνιο	θα έκαναν μπάνιο	έχουν κά μπάνι

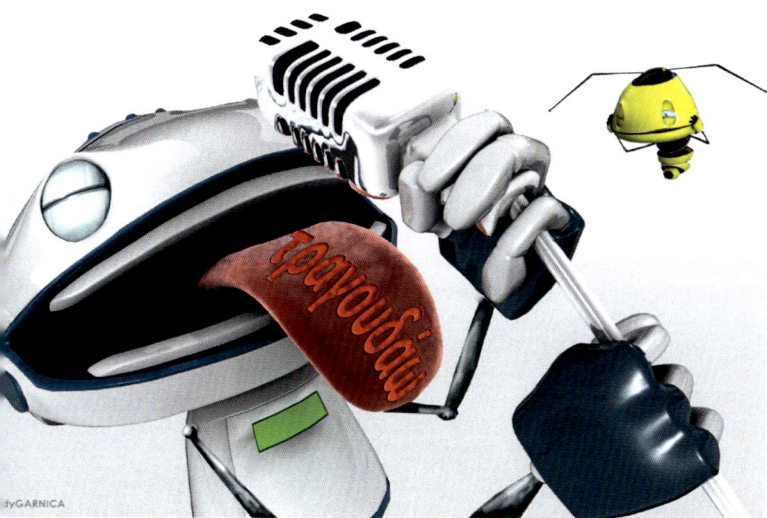

v.learnbots.com

	Ενεστώτας	Παρατατικός	Αόριστος	Στιγμιαίος Μέλλοντας	Υποθετικός Μέλλοντας	Παρακείμενος
γώ	τραγουδάω	τραγουδούσα	τραγούδησα	θα τραγουδήσω	θα τραγουδούσα	έχω τραγουδήσει
ύ	τραγουδάς	τραγουδούσες	τραγούδησες	θα τραγουδήσεις	θα τραγουδούσες	έχεις τραγουδήσει
ός/ τή τό	τραγουδά	τραγουδούσε	τραγούδησε	θα τραγουδήσει	θα τραγουδούσε	έχει τραγουδήσει
είς	τραγουδάμε	τραγουδούσαμε	τραγουδήσαμε	θα τραγουδήσουμε	θα τραγουδούσαμε	έχουμε τραγουδήσει
είς	τραγουδάτε	τραγουδούσατε	τραγουδήσατε	θα τραγουδήσετε	θα τραγουδούσατε	έχετε τραγουδήσει
τοί/ τές τά	τραγουδούν	τραγουδούσαν	τραγούδησαν	θα τραγουδήσουν	θα τραγουδούσαν	έχουν τραγουδήσει

www.learnbots.com

	Ενεστώτας	Παρατατικός	Αόριστος	Στιγμιαίος Μέλλοντας	Υποθετικός Μέλλοντας	Παρακείμε
Εγώ	κάθομαι	καθόμουν	κάθησα	θα καθήσω	θα καθόμουν	έχω καθήσ
Εσύ	κάθεσαι	καθόσουν	κάθησες	θα καθήσεις	θα καθόσουν	έχεις καθήσ
Αυτός/ Αυτή Αυτό	καθεται	καθόταν	κάθησε	θα καθήσει	θα καθόταν	έχει καθήσ
Εμείς	καθόμαστε	καθόμασταν	καθήσαμε	θα καθήσουμε	θα καθόμασταν	έχουμ καθήσ
Εσείς	κάθεστε	καθόσασταν	καθήσατε	θα καθήσετε	θα καθόσασταν	έχετε καθήσ
Αυτοί/ Αυτές/ Αυτά	κάθονται	καθόντουσαν	κάθησαν	θα καθήσουν	θα καθόντουσαν	έχουν καθήσ

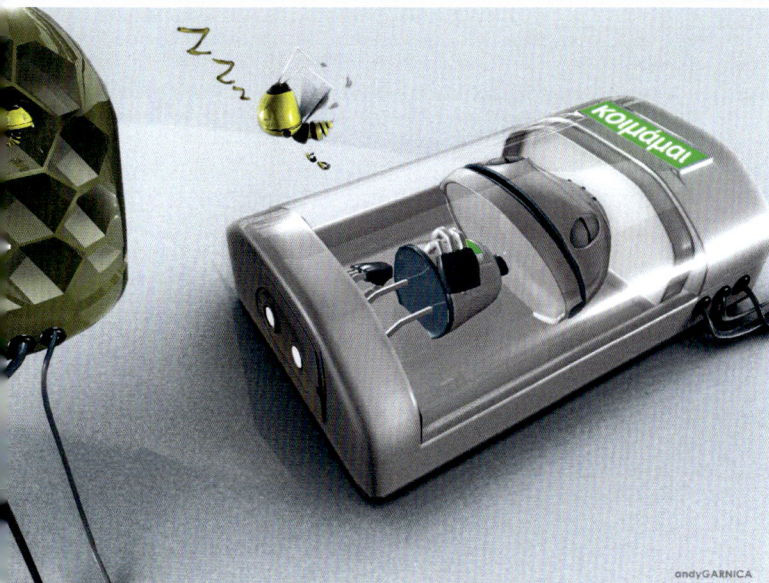

	Ενεστώτας	Παρατατικός	Αόριστος	Στιγμιαίος Μέλλοντας	Υποθετικός Μέλλοντας	Παρακείμενος
γώ	κοιμάμαι	κοιμόμουν	κοιμήθηκα	θα κοιμηθώ	θα κοιμόμουν	έχω κοιμηθεί
σύ	κοιμάσαι	κοιμόσουν	κοιμήθηκες	θα κοιμηθείς	θα κοιμόσουν	έχεις κοιμηθεί
τός/ πή πό	κοιμάται	κοιμόταν	κοιμήθηκε	θα κοιμηθεί	θα κοιμόταν	έχει κοιμηθεί
είς	κοιμόμαστε	κοιμόμασταν	κοιμηθήκαμε	θα κοιμηθούμε	θα κοιμόμασταν	έχουμε κοιμηθεί
είς	κοιμάστε	κοιμόσασταν	κοιμηθήκατε	θα κοιμηθείτε	θα κοιμόσασταν	έχετε κοιμηθεί
τοί/ τές/ τά	κοιμούνται	κοιμόντουσαν	κοιμήθηκαν	θα κοιμηθούν	θα κοιμόντουσαν	έχουν κοιμηθεί

www.learnbots.com

	Ενεστώτας	Παρατατικός	Αόριστος	Στιγμιαίος Μέλλοντας	Υποθετικός Μέλλοντας	Παρακείμε
Εγώ	ξεκινώ	ξεκινούσα	ξεκίνησα	θα ξεκινήσω	θα ξεκινούσα	έχω ξεκινής
Εσύ	ξεκινάς	ξεκινούσες	ξεκίνησες	θα ξεκινήσεις	θα ξεκινούσες	έχεις ξεκινή
Αυτός/ Αυτή Αυτό	ξεκινά	ξεκινούσε	ξεκίνησε	θα ξεκινήσει	θα ξεκινούσε	έχει ξεκινή
Εμείς	ξεκινάμε	ξεκινούσαμε	ξεκινήσαμε	θα ξεκινήσουμε	θα ξεκινούσαμε	έχουμ ξεκινή
Εσείς	ξεκινάτε	ξεινούσατε	ξεκινήσατε	θα ξεκινήσετε	θα ξεκινούσατε	έχετε ξεκινή
Αυτοί/ Αυτές/ Αυτά	ξεκινούν	ξεκινούσαν	ξεκίνησαν	θα ξεκινήσουν	θα ξεκινούσαν	έχουν ξεκινή

σταματάω

www.learnbots.com

	Ενεστώτας	Παρατατικός	Αόριστος	Στιγμιαίος Μέλλοντας	Υποθετικός Μέλλοντας	Παρακείμενος
γώ	σταματάω	σταματούσα	σταμάτησα	θα σταματήσω	θα σταματούσα	έχω σταματήσει
)u	σταματάς	σταματούσες	σταμάτησες	θα σταματήσεις	θα σταματούσες	έχεις σταματήσει
an / un	σταματά	σταματούσε	σταμάτησε	θα σταματήσει	θα σταματούσε	έχει σταματήσει
/i	σταματάμε	σταματούσαμε	σταματήσαμε	θα σταματήσουμε	θα σταματούσαμε	έχουμε σταματήσει
I	σταματάτε	σταματούσατε	σταματήσατε	θα σταματήσετε	θα σταματούσατε	έχετε σταματήσει
e	σταματούν	σταματούσαν	σταμάτησαν	θα σταματήσουν	θα σταματούσαν	έχουν σταματήσει

www.learnbots.com

	Ενεστώτας	Παρατατικός	Αόριστος	Στιγμιαίος Μέλλοντας	Υποθετικός Μέλλοντας	Παρακείμε
Εγώ	κάνω βόλτα	έκανα βόλτα	έκανα βόλτα	θα κάνω βόλτα	θα έκανα βόλτα	έχω κά βόλτα
Εσύ	κάνεις βόλτα	έκανες βόλτα	έκανες βόλτα	θα κάνεις βόλτα	θα έκανες βόλτα	έχεις κά βόλτα
Αυτός/ Αυτή Αυτό	κάνει βόλτα	έκανε βόλτα	έκανε βόλτα	θα κάνει βόλτα	θα έκανε βόλτα	έχει κά βόλτα
Εμείς	κάνουμε βόλτα	κάναμε βόλτα	κάναμε βόλτα	θα κάνουμε βόλτα	θα κάναμε βόλτα	έχουμ κάνει βό
Εσείς	κάνετε βόλτα	κάνατε βόλτα	κάνατε βόλτα	θα κάνετε βόλτα	θα κάνατε βόλτα	έχετε κά βόλτα
Αυτοί/ Αυτές/ Αυτά	κάνουν βόλτα	έκαναν βόλτα	έκαναν βόλτα	θα κάνουν βόλτα	θα έκαναν βόλτα	έχουν κ βόλτα

andyGARNICA

w.learnbots.com

	Ενεστώτας	Παρατατικός	Αόριστος	Στιγμιαίος Μέλλοντας	Υποθετικός Μέλλοντας	Παρακείμενος
γώ	μελετάω	μελετούσα	μελέτησα	θα μελετήσω	θα μελετούσα	έχω μελετήσει
σύ	μελετάς	μελετούσες	μελέτησες	θα μελετήσεις	θα μελετούσες	έχεις μελετήσει
τός/ ητή ητό	μελετά	μελετούσε	μελέτησε	θα μελετήσει	θα μελετούσε	έχει μελετήσει
εείς	μελετάμε	μελετούσαμε	μελετήσαμε	θα μελετήσουμε	θα μελετούσαμε	έχουμε μελετήσει
εείς	μελετάτε	μελετούσατε	μελετήσατε	θα μελετήσετε	θα μελετούσατε	έχετε μελετήσει
τοί/ τές/ ητά	μελετούν	μελετούσαν	μελέτησαν	θα μελετήσουν	θα μελετούσαν	έχουν μελετήσει

κολυμπώ

	Ενεστώτας	Παρατατικός	Αόριστος	Στιγμιαίος Μέλλοντας	Υποθετικός Μέλλοντας	Παρακείμε
Εγώ	κολυμπώ	κολυμπούσα	κολύμπησα	θα κολυμπήσω	θα κολυμπούσα	έχω κολυμπή
Εσύ	κολυμπάς	κολυμπούσες	κολύμπησες	θα κολυμπήσεις	θα κολυμπούσες	έχεις κολυμπή
Αυτός/ Αυτή Αυτό	κολυμπά	κολυμπούσε	κολύμπησε	θα κολυμπήσει	θα κολυμπούσε	έχει κολυμπή
Εμείς	κολυμπάμε	κολυμπούσαμε	κολυμπήσαμε	θα κολυμπήσουμε	θα κολυμπούσαμε	έχουμ κολυμπή
Εσείς	κολυμπάτε	κολυμπούσατε	κολυμπήσατε	θα κολυμπήσετε	θα κολυμπούσατε	έχετε κολυμπή
Αυτοί/ Αυτές/ Αυτά	κολυμπούν	κολυμπούσαν	κολύμπησαν	θα κολυμπήσουν	θα κολυμπούσαν	έχουν κολυμπή

andyGARNICA

v.learnbots.com

	Ενεστώτας	Παρατατικός	Αόριστος	Στιγμιαίος Μέλλοντας	Υποθετικός Μέλλοντας	Παρακείμενος
γώ	μιλάω	μιλούσα	μίλησα	θα μιλήσω	θα μιλούσα	έχω μιλήσει
σύ	μιλάς	μιλούσες	μίλησες	θα μιλήσεις	θα μιλούσες	έχεις μιλήσει
τός/ ρτή ρτό	μιλάει	μιλούσε	μίλησε	θα μιλήσει	θα μιλούσε	έχει μιλήσει
κείς	μιλάμε	μιλούσαμε	μιλήσαμε	θα μιλήσουμε	θα μιλούσαμε	έχουμε μιλήσει
κείς	μιλάτε	μιλούσατε	μιλήσατε	θα μιλήσετε	θα μιλούσατε	έχετε μιλήσει
τοί/ τές/ τά	μιλούν	μιλούσαν	μίλησαν	θα μιλήσουν	θα μιλούσαν	έχουν μιλήσει

www.learnbots.com

	Ενεστώτας	Παρατατικός	Αόριστος	Στιγμιαίος Μέλλοντας	Υποθετικός Μέλλοντας	Παρακείμε
Εγώ	ελέγχω	έλεγχα	έλεγξα	θα ελέγξω	θα έλεγχα	έχω ελεγ
Εσύ	ελέγχεις	έλεγχες	έλεγξες	θα ελέγξεις	θα έλεγχες	έχεις ελέγ
Αυτός/ Αυτή Αυτό	ελέγχει	έλεγχε	έλεγξε	θα ελέγξει	θα έλεγχε	έχει ελέγ
Εμείς	ελέγχουμε	ελέγχαμε	ελέγξαμε	θα ελέγξουμε	θα ελέγχαμε	έχουμ ελέγ
Εσείς	ελέγχετε	ελέγχατε	ελέγξατε	θα ελέγξετε	θα ελέγχατε	έχετε ελέγ
Αυτοί/ Αυτές/ Αυτά	ελέγχουν	έλεγχαν	έλεγξαν	θα ελέγξουν	θα έλεγχαν	έχου ελέγ

idyGARNICA
w.learnbots.com

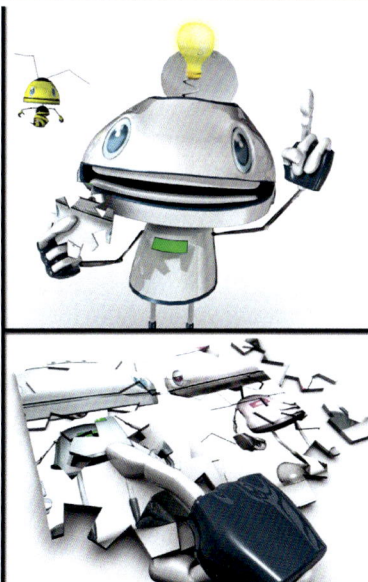

	Ενεστώτας	Παρατατικός	Αόριστος	Στιγμιαίος Μέλλοντας	Υποθετικός Μέλλοντας	Παρακείμενος
γώ	σκέφτομαι	σκεφτόμουν	σκέφτηκα	θα σκεφτώ	θα σκεφτόμουν	έχω σκεφτεί
σύ	σκέφτεσαι	σκεφτόσουν	σκέφτηκες	θα σκεφτείς	θα σκεφτόσουν	έχεις σκεφτεί
τός/ πή τό	σκέφτεται	σκεφτόταν	σκέφτηκε	θα σκεφτεί	θα σκεφτόταν	έχει σκεφτεί
είς	σκεφτόμαστε	σκεφτόμασταν	σκεφτήκαμε	θα σκεφτούμε	θα σκεφτόμασταν	έχουμε σκεφτεί
είς	σκέφτεστε	σκεφτόσασταν	σκεφτήκατε	θα σκεφτείτε	θα σκεφτόσασταν	έχετε σκεφτεί
τοί/ ές/ τά	σκέφτονται	σκεφτόντουσαν	σκέφτηκαν	θα σκεφτούν	θα σκεφτόντουσαν	έχουν σκεφτεί

www.learnbots.com

	Ενεστώτας	Παρατατικός	Αόριστος	Στιγμιαίος Μέλλοντας	Υποθετικός Μέλλοντας	Παρακείμ
Εγώ	ταξιδεύω	ταξίδευα	ταξίδεψα	θα ταξιδέψω	θα ταξίδευα	έχω ταξιδέψ
Εσύ	ταξιδεύεις	ταξίδευες	ταξίδεψες	θα ταξιδέψεις	θα ταξίδευες	έχεις ταξιδέψ
Αυτός/ Αυτή Αυτό	ταξιδεύει	ταξίδευε	ταξίδεψε	θα ταξιδέψει	θα ταξίδευε	έχει ταξιδέψ
Εμείς	ταξιδεύουμε	ταξιδεύαμε	ταξιδέψαμε	θα ταξιδέψουμε	θα ταξιδεύαμε	έχουμ ταξιδέψ
Εσείς	ταξιδεύετε	ταξιδεύατε	ταξιδέψατε	θα ταξιδέψετε	θα ταξιδεύατε	έχετε ταξιδέψ
Αυτοί/ Αυτές/ Αυτά	ταξιδεύουν	ταξίδευαν	ταξίδεψαν	θα ταξιδέψουν	θα ταξιδευαν	έχου ταξιδέψ

andyGARNICA

v.learnbots.com

	Ενεστώτας	Παρατατικός	Αόριστος	Στιγμιαίος Μέλλοντας	Υποθετικός Μέλλοντας	Παρακείμενος
γώ	σκοντάφτω	σκόνταφτα	σκόνταψα	θα σκοντάψω	θα σκόνταφτα	έχω σκοντάψει
σύ	σκοντάφτεις	σκόνταφτες	σκόνταψες	θα σκοντάψεις	θα σκόνταφτες	έχεις σκοντάψει
τός/ ιτή ιτό	σκοντάφτει	σκόνταφτε	σκόνταψε	θα σκοντάψει	θα σκόνταφτε	έχει σκοντάψει
ιείς	σκοντάφτουμε	σκόνταφταμε	σκοντάψαμε	θα σκοντάψουμε	θα σκόνταφταμε	έχουμε σκοντάψει
ιείς	σκοντάφτετε	σκόνταφτατε	σκοντάψατε	θα σκοντάψετε	θα σκόνταφτατε	έχετε σκοντάψει
τοί/ ιές/ ιτά	σκοντάφτουν	σκόνταφταν	σκόνταψαν	θα σκοντάψουν	θα σκόνταφταν	έχουν σκοντάψει

γυρνά**ω**

www.learnbots.com

	Ενεστώτας	Παρατατικός	Αόριστος	Στιγμιαίος Μέλλοντας	Υποθετικός Μέλλοντας	Παρακείμε
Εγώ	γυρνάω	γύριζα	γύρισα	θα γυρίσω	θα γύριζα	έχω γυρίσ*
Εσύ	γυρνάς	γύριζες	γύρισες	θα γυρίσεις	θα γύριζες	έχεις γυρίσ*
Αυτός/ Αυτή Αυτό	γυρνά	γύριζε	γύρισε	θα γυρίσει	θα γύριζε	έχει γυρίσ*
Εμείς	γυρνάμε	γυρίζαμε	γυρίσαμε	θα γυρίσουμε	θα γυρίζαμε	έχουμ* γυρίσ*
Εσείς	γυρνάτε	γυρίζατε	γυρίσατε	θα γυρίσετε	θα γυρίζατε	έχετε γυρίσ*
Αυτοί/ Αυτές/ Αυτά	γυρνούν	γύριζαν	γύρισαν	θα γυρίσουν	θα γύριζαν	έχου* γυρίσ*

w.learnbots.com

	Ενεστώτας	Παρατατικός	Αόριστος	Στιγμιαίος Μέλλοντας	Υποθετικός Μέλλοντας	Παρακείμενος
γώ	περιμένω	περίμενα	περίμενα	θα περιμένω	θα περίμενα	έχω περιμένει
σύ	περιμένεις	περίμενες	περίμενες	θα περιμένεις	θα περίμενες	έχεις περιμένει
τός/ ητή ητό	περιμένει	περίμενε	περίμενε	θα περιμένει	θα περίμενε	έχει περιμένει
ιείς	περιμένουμε	περιμέναμε	περιμέναμε	θα περιμένουμε	θα περιμέναμε	έχουμε περιμένει
ιείς	περιμένετε	περιμένατε	περιμένατε	θα περιμένετε	θα περιμένατε	έχετε περιμένει
τοί/ τές/ ιτά	περιμένουν	περίμεναν	περίμεναν	θα περιμένουν	θα περίμεναν	έχουν περιμένει

www.learnbots.com

	Ενεστώτας	Παρατατικός	Αόριστος	Στιγμιαίος Μέλλοντας	Υποθετικός Μέλλοντας	Παρακείμε
Εγώ	ξυπνάω	ξυπνούσα	ξύπνησα	θα ξυπνήσω	θα ξυπνούσα	έχω ξυπνήσ
Εσύ	ξυπνάς	ξυπνούσες	ξύπνησες	θα ξυπνήσεις	θα ξυπνούσες	έχεις ξυπνή
Αυτός/ Αυτή Αυτό	ξυπνά	ξυπνούσε	ξύπνησε	θα ξυπνήσει	θα ξυπνούσε	έχει ξυπνή
Εμείς	ξυπνάμε	ξυπνούσαμε	ξυπνήσαμε	θα ξυπνήσουμε	θα ξυπνούσαμε	έχουμ ξυπνή
Εσείς	ξυπνάτε	ξυπνούσατε	ξυπνήσατε	θα ξυπνήσετε	θα ξυπνούσατε	έχετε ξυπνή
Αυτοί/ Αυτές/ Αυτά	ξυπνάνε	ξυπνούσαν	ξύπνησαν	θα ξυπνήσουν	θα ξυπνούσαν	έχου ξυπνή

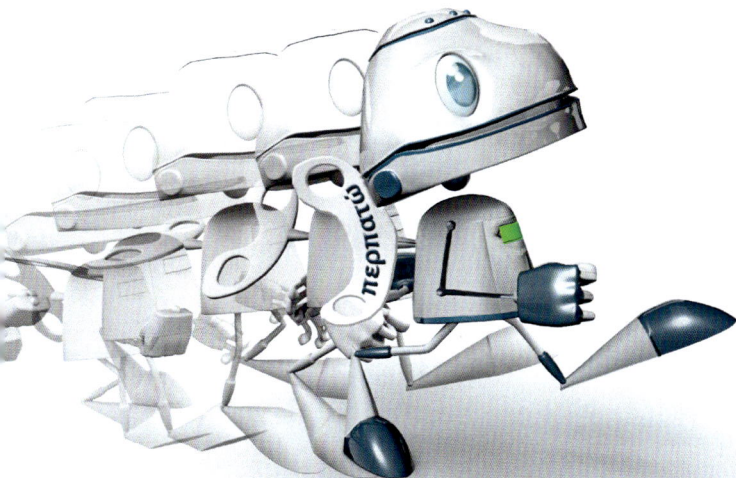

andyGARNICA

www.learnbots.com

	Ενεστώτας	Παρατατικός	Αόριστος	Στιγμιαίος Μέλλοντας	Υποθετικός Μέλλοντας	Παρακείμενος
γώ	περπατώ	περπατούσα	περπάτησα	θα περπατήσω	θα περπατούσα	έχω περπατήσει
ύ	περπατάς	περπατούσες	περπάτησες	θα περπατήσεις	θα περπατούσες	έχεις περπατήσει
ός/ τή ιτό	περπατά	περπατούσε	περπάτησε	θα περπατήσει	θα περπατούσε	έχει περπατήσει
είς	περπατάμε	περπατούσαμε	περπατήσαμε	θα περπατήσουμε	θα περπατούσαμε	έχουμε περπατήσει
είς	περπατάτε	περπατούσατε	περπατήσατε	θα περπατήσετε	θα περπατούσατε	έχετε περπατήσει
τοί/ ιές/ ιτά	περπατούν	περπατούσαν	περπάτησαν	θα περπατήσουν	θα περπατούσαν	έχουν περπατήσει

andyGARN

www.learnbots.com

	Ενεστώτας	Παρατατικός	Αόριστος	Στιγμιαίος Μέλλοντας	Υποθετικός Μέλλοντας	Παρακείμε
Εγώ	θέλω	ήθελα	θέλησα	θα θελήσω	θα ήθελα	έχω θελήσ
Εσύ	θέλεις	ήθελες	θέλησες	θα θελήσεις	θα ήθελες	έχεις θελήσ
Αυτός/ Αυτή Αυτό	θέλει	ήθελε	θέλησε	θα θελήσει	θα ήθελε	έχει θελήσ
Εμείς	θέλουμε	θέλαμε	θελήσαμε	θα θελήσουμε	θα θέλαμε	έχουμ θελήσ
Εσείς	θέλετε	θέλατε	θελήσατε	θα θελήσετε	θα θέλετε	έχετε θελήσ
Αυτοί/ Αυτές/ Αυτά	θέλουν	ήθελαν	θέλησαν	θα θελήσουν	θα ήθελαν	έχου θελήσ

www.learnbots.com

	Ενεστώτας	Παρατατικός	Αόριστος	Στιγμιαίος Μέλλοντας	Υποθετικός Μέλλοντας	Παρακείμενος
γώ	χαιρετώ	χαιρετούσα	χαιρέτησα	θα χαιρετήσω	θα χαιρετούσα	έχω χαιρετήσει
σύ	χαιρετάς	χαιρετούσες	χαιρέτησες	θα χαιρετήσεις	θα χαιρετούσες	έχεις χαιρετήσει
τός/ τή τό	χαιρετά	χαιρετούσε	χαιρέτησε	θα χαιρετήσει	θα χαιρετούσε	έχει χαιρετήσει
είς	χαιρετάμε	χαιρετούσαμε	χαιρετήσαμε	θα χαιρετήσουμε	θα χαιρετούσαμε	έχουμε χαιρετήσει
είς	χαιρετάτε	χαιρετούσατε	χαιρετήσατε	θα χαιρετήσετε	θα χαιρετούσατε	έχετε χαιρετήσει
τοί/ τές τά	χαιρετούν	χαιρετούσαν	χαιρέτησαν	θα χαιρετήσουν	θα χαιρετούσαν	έχουν χαιρετήσει

www.learnbots.com

	Ενεστώτας	Παρατατικός	Αόριστος	Στιγμιαίος Μέλλοντας	Υποθετικός Μέλλοντας	Παρακείμε
Εγώ	παρακολουθώ	παρακολουθούσα	παρακολούθησα	θα αρακολουθήσω	θα παρακολουθούσα	έχω παρακολου
Εσύ	παρακολουθείς	παρακολουθούσες	παρακολούθησες	θα παρακολουθήσεις	θα παρακολουθούσες	έχεις παρακολου
Αυτός/ Αυτή Αυτό	παρακολουθεί	παρακολουθούσε	παρακολούθησε	θα παρακολουθήσει	θα παρακολουθούσε	έχει παρακολου
Εμείς	παρακολουθούμε	παρακολουθούσαμε	παρακολουθήσαμε	θα παρακολουθήσουμε	θα παρακολουθούσαμε	έχουμε παρακολου
Εσείς	παρακολουθείτε	παρακολουθούσατε	παρακολουθήσατε	θα παρακολουθήσετε	θα παρακολουθούσατε	έχετε παρακολου
Αυτοί/ Αυτές/ Αυτά	παρακολουθούν	παρακολουθούσαν	παρακολούθησαν	θα παρακολουθήσουν	θα παρακολουθούσαν	έχουν παρακολου

www.learnbots.com

	Ενεστώτας	Παρατατικός	Αόριστος	Στιγμιαίος Μέλλοντας	Υποθετικός Μέλλοντας	Παρακείμενος
γώ	κερδίζω	κέρδιζα	κέρδισα	θα κερδίσω	θα κέρδιζα	έχω κερδίσει
σύ	κερδίζεις	κέρδιζες	κέρδισες	θα κερδίσεις	θα κέρδιζες	έχεις κερδίσει
τός/ ιτή ιτό	κερδίζει	κέρδιζε	κέρδισε	θα κερδίσει	θα κέρδιζε	έχει κερδίσει
είς	κερδίζουμε	κερδίζαμε	κερδίσαμε	θα κερδίσουμε	θα κερδίζαμε	έχουμε κερδίσει
είς	κερδίζετε	κερδίζατε	κερδίσατε	θα κερδίσετε	θα κερδίζατε	έχετε κερδίσει
τοί/ τές/ τά	κερδίζουν	κέρδιζαν	κέρδισαν	θα κερδίσουν	θα κέρδιζαν	έχουν κερδίσει

andyGARNICA

www.learnbots.com

	Ενεστώτας	Παρατατικός	Αόριστος	Στιγμιαίος Μέλλοντας	Υποθετικός Μέλλοντας	Παρακείμε
Εγώ	γράφω	έγραφα	έγραψα	θα γράψω	θα έγραφα	έχω γράψε
Εσύ	γράφεις	έγραφες	έγραψες	θα γράψεις	θα έγραφες	έχεις γράψ
Αυτός/ Αυτή Αυτό	γράφει	έγραφε	έγραψε	θα γράψει	θα έγραφε	έχει γράψ
Εμείς	γράφουμε	γράφαμε	γράψαμε	θα γράψουμε	θα γράφαμε	έχουμ γράψ
Εσείς	γράφετε	γράφατε	γράψατε	θα γράψετε	θα γράφατε	έχετε γράψ
Αυτοί/ Αυτές/ Αυτά	γράφουν	έγραφαν	έγραψαν	θα γράψουν	θα έγραφαν	έχουν γράψ

Index

Index